Seadove

Seadove

20幾歲，你不來改變世界，就只好等世界來改變你！

20幾歲，你要改變什麼

窮人與富人的距離0.05mm

窮人
脫胎換骨
發展委員會

富人
俱樂部
招考辦公室

年度暢銷作家**張禮文**／著

暢銷經典版

我們昨天是誰不重要，今天是誰也不重要，
重要的是：明天我們是誰。

二十幾歲不能改變；三十幾歲就不敢挑戰；
四十幾歲就不能想像；五十歲就可能四處流浪！

哲學家馬爾庫塞曾說：「觀念和文化是不能改變世界的，
但它可以改變人，而人是可以改變世界的。」選擇改變永遠是最美好的。

前言：人生永遠不變的法則，就是「改變」

如果時光可以倒流，世界上將有一半的人，可以成為偉人。

——法國牧師　納德・蘭塞姆

我們先來看看這一則在美國年輕人當中非常流行的故事。

在美國，所有裝燈泡的盒子上都印有一句善意的提示：Don't put that bulb into your mouth！翻譯成中文，就是：不要把燈泡放進口中！

「這簡直就是一句廢話，哪個人沒有事會把燈泡放進自己的嘴裡？再說，即使可以放進去，就可以拿出來，幹嘛搞得這麼麻煩？這不僅侮辱一個人的人格，還侮辱一個人的智商。」湯姆拿著燈泡盒子，大聲咆哮著。

他的父母說：「湯姆，有一本書介紹，燈泡放進口中以後，就會卡住，無論如何，都拿不出來。現在的年輕人，說不定哪一天就會把燈泡塞到嘴裡。」

湯姆為了證明工廠把這句廢話印上去是多此一舉，決定做一個實驗。為了以防萬一，他還準備一瓶食用油，避免卡住拿不出來。一切就緒以後，湯姆把燈泡對準自己的嘴巴，沒想到稍微一用力，燈泡就在零點幾秒的時間裡滑入口中。然後，他輕輕的拉了燈泡一下，燈泡在嘴裡絲毫不動。他再慢慢的一邊用力，一邊將嘴巴張到最大，燈泡依然像長在嘴裡似的。

湯姆向自己的嘴巴裡倒油，以增加燈泡與嘴巴之間的潤滑度，再用力拔燈泡，折騰了一個小時，一瓶油全部倒完，燈泡依然卡在嘴裡。最後，他無計可施，只好打電話求救。電話打通了，他才意識到自己無法說話。實在沒有辦法，硬著頭皮去找為此事教訓過自己的父母。父母叫來計程車，把他送往醫院。

計程車司機一見湯姆的狼狽相，笑得前仰後合。司機說：「燈泡可以塞進去就可以拔出來，拔不出來怎麼可能塞進去？你拔不出來是因為嘴巴太小，換成別人，就不會鬧這樣的笑話。」湯姆看看司機的嘴巴，的確比正常人大很多，但是湯姆卻想告訴他，工廠把那句話印在盒子上，絕對不是一句廢話，無論如何都不能試。

在醫院，所有見到湯姆的人，都為他的狼狽相忍俊不止，覺得很滑稽。還是醫生有辦法，把棉花塞進湯姆的嘴巴，然後輕輕的把燈泡敲碎，一片一片的拿出來。最後，醫生告訴湯姆，工廠的任何提示，都是遭到消費者重大索賠之後才印上去的，不要以為那是廢話。

湯姆準備回家，剛走到醫院門診大樓門口的時候，迎面來了一個人，正是剛才那位司機，他的嘴巴裡正含著一個燈泡……

雖然這是一個故事，卻可以教育很多美國年輕人。他們在年輕的時候，就知道對待自己的人生，不能有任何僥倖的心理。任何人的成功和失敗，都是必然，沒有偶然。年輕的時候，來自父母、老師、名人、書上的建議和忠告，雖然不能照本宣科的執行，但是也要多加考慮，不能因為自己沒有經歷過，就全盤否定。

在各個領域取得成功的人，無一不是把自己人生中這段有限的時間利用到極致的人。有一位文學家曾經說：**「浪費別人的時間是圖財害命，浪費自己的時間是慢性自殺。」**在美國，很多大財閥都把時間看作是財富、生命。

成功的人，都是二十歲的時候有理想，有明確的目標，並且利用一切時間為了自己的目標奮鬥；三十歲的時候，確立人生的座標和基點，把責任一一的認真執行；四十歲的時候，一切準備就緒，向人生的最高點做最後一次衝鋒。

他們知道，不要把人生的問題拖延到五、六十歲再解決。到了五、六十歲，就是人生已成定局的時候，同齡人當中，優勝者已經勝出，接收受人尊敬的風光；失敗者已經出局，品嘗三振出局的淒涼。那個時候，無論自己優劣成敗，不用別人說，自己也明白其中的原因，但是人生大局卻無法改變。

悉數一生一無所成、一無是處的人，都是把這些忠告和建議當作廢話的人。十幾歲不學無術，二十幾歲揮霍無度，三十幾歲進退無路，四十幾歲濫竽充數，五十幾歲淒涼無助。一生中，從平凡到平庸，從自狂到自卑，不是打發時間，就是被時間打發，最後變成別人成功的觀眾。

數數人生，總共有兩萬多天，過一天就少一天，我們沒有理由浪費每一分、每一秒。世界上的財富蛋糕，別人切去一刀，我們就會少切一刀。財富的分割，就是沒有規則的遊戲。我們不玩，不代表別人不玩。

現在的大學，給年輕人很多自由的時間。自由多了，管理鬆了，就會讓很多年輕人除了上課、吃飯、睡覺、運動以外，面對許多的空閒時間，不知道如何打發。於是，他們感到空虛、寂寞和無聊。

這些自由時間，總會有打發的辦法。一些人用來讀自己喜歡的書，做自己感興趣的事，參加各種社團的活動，或是多選修幾個學分；另一些人用來玩網路遊戲，談情說愛，尋找各種刺激。總之，無論我們用這段時間做什麼事，時間都不會為一個人停留。

春天來了，我們在自己的土地上種什麼，秋天就會收穫什麼。什麼都不種，就會顆粒無收。作為年輕人，就要多一些心思，在自己人生的春天把自己的那片土地種好，到秋天才會有鮮花和果實，到冬天才不會挨餓。

目錄

Ⅲ 高中剛畢業，你不會一年賺四萬美金。你不會成為一個公司的副總裁，並且擁有一部裝有電話的汽車，直到你將兩者都賺到手。

Ⅳ 如果你認為你的老師嚴厲，等你有了老闆再這樣想。老闆是沒有任期限制的。

Ⅷ

你的學校也許已經不再分好學生和壞學生，但是生活卻仍然在做出類似區分。在某些學校，已經不再留級；只要你想找到正確答案，學校就會給你無數的機會。這和現實生活中的任何事情，沒有一點是相似之處。

Ⅸ

生活不分學期。你沒有暑假可以休息，也沒有幾位老闆樂於幫你發現自我。自己找時間做吧！

Counsel 1

Life is not fair, get used to it.

生活是不公平的，要去適應它。

不要放棄對未來的選擇權

在美國加州，有一個年輕人大學剛畢業，就接到去軍中服兵役的通知。這個青年非常厭惡軍隊的生活，但是當時美國的法律規定，任何一個適齡並且符合軍隊要求的青年，都要無條件的服從徵召。

既然服兵役是無法逃避的，他就開始祈禱，千萬不要讓自己到管理最嚴格、要求最苛刻、生活最艱苦、環境最危險的海軍陸戰隊服役。他的虔誠祈禱並沒有產生作用，徵調他的正是美國海軍陸戰隊。對此，他只有服從。

接到入伍通知以後，這個年輕人非常沮喪、害怕，整天失魂落魄、憂心忡忡，彷彿即將走上一條人生不歸之路。他擔心被派往戰場，不是殺人，就是被殺。

年輕人的爺爺是加州大學的教授，看到孫子對未來充滿恐懼的眼神，就跟他說：「年輕人，當兵是每個公民的義務，誰都不能逃避。有很多像你一樣的大學生同時被徵調，他們都很樂觀，你為什麼這麼恐懼呢？」

「爺爺，你不知道，我要去海軍陸戰隊。您一定知道進入海軍陸戰隊意味著什麼，那是隨時走在生死邊緣的軍隊！」

教授微笑著說：「即使進入海軍陸戰隊，你也有兩個結果，一個是留在內勤部門，一個是分配到外勤部門。如果你分配到內勤部門，就可以不用上戰場！」

青年反問：「我還是有五〇%的可能被分配到外勤部門啊！」

教授說：「同樣會有兩個結果，一個是在美國本土服役，另一個是到國外的軍事基地。如果你被留在美國本土，又有什麼好擔心的？」

青年反問：「萬一被分配到國外的基地呢？」

教授說：「同樣會有兩個結果，一個是被分配到和平的國家，另一個是被分配到維和地區。如果你被分配到和平的國家，是不是比在熟悉的美國更好？」

青年反問：「如果我不幸被分配到充滿戰亂的地區呢？」

教授說：「同樣會有兩個結果，一個是立功以後安全歸來，另一個是不幸受傷。如果你可以安全歸來，人生多了戰場的經歷，是不是值得慶幸？」

青年反問：「我不會那麼幸運吧？萬一受傷呢？」

教授呵呵一笑，說：「你依然會有兩個結果，一個是傷後康復，另一個是光榮犧牲。如果傷後可以康復，還有擔心的必要嗎？大不了身上多一個疤，也是一件很光榮的事。」

年輕人再問：「如果我不幸犧牲呢？」

教授聽完，笑著說：「你都犧牲了，一切都跟你沒關係，更用不著擔心！」

教授對孫子說：「年輕人，我跟你說這麼多，就是想要告訴你，無論你置身何處，做什麼事情，都會有兩種結果，你有權利爭取任何一個你想要的結果。即使在絕對服從的軍隊，你還是有選擇權，除非你放棄自己的選擇權，被動的聽從命運的安排。」

這個故事裡的青年，犯了什麼錯誤呢？他犯了習慣被別人安排、習慣被選擇的錯誤。他從來沒有想過自己的目標，為了達到自己的目標，應該做什麼、怎麼做。

一件事情，都有兩個發展的方向，每一個方向的最後都有一個結果。因為方向不同，結果就會相反——一個是我們夢想的，一個是我們厭惡的。

我們經常說：「人之命，天註定。」這句話如果這樣理解，可能就是成立的。我們選擇什麼樣的生活軌跡，就註定有什麼樣的人生。一種選擇，註定有其相對應的結果。

人生，就是我們各種選擇的總和。

在中學，我們選擇什麼樣的態度、方式對待課業，就註定我們會考上什麼樣的大學；在大學，用四年的時間做什麼事，做到什麼程度，註定我們走向社會有什麼樣的開始；在社會上，我們選擇哪一個行業，選擇用什麼樣的方式經營自己、工作、事業，我們就會有什麼樣的人生。

每一個人，無論高貴還是卑賤，都有權利對自己的未來進行選擇，選擇的方式就是自己的思路和行動。選擇的範圍很大，做什麼都可以，只要我們想做、願意做。當然，正確的選擇就有正確的結果，錯誤的選擇就會有錯誤的結果。因為，那是我們自己的選擇。

遺憾的是，很多年輕人放棄自己對未來的選擇權，他們更習慣或是喜歡被別人安排，小到考什麼大學、唸什麼科系，大到在什麼地方發展、進入哪一個行業、做什麼工作。

別人可以為我們選擇人生的方向，卻沒有人可以為我們的人生結果負責。不是他們不願意負責，而是誰都無法為另一個人的人生負責，包括我們的父母。

既然沒有人可以為我們的人生負責，為什麼要習慣讓別人來決定我們的人生方向呢？這是因為我們小時候，一直被教育：一旦遇到一個選擇，要先問問父母或是老師，自己這樣做對不對。他們說對，我們就做；他們說不對，我們就不去做。

久而久之，在我們的思維中形成一個慣性：一遇到選擇，不經過自己的思考，馬上徵求別人的意見或是看法。別人認為是正確的就是正確的，別人反對的就是錯誤的，從來沒有想過，這個選擇對自己來說，是不是正確的。

父母和老師，喜歡我們事事徵求他們的意見，並且非常願意利用他們的經驗，為我們做出各種選擇。他們認為這樣做是為我們負責，怕我們走錯方向。其實，這是一種剝奪，剝奪了我們的自我責任感，不利於我們的成長和成熟。

父母和老師，對我們的成長有監督權、建議權，但是絕對沒有決定權，我們才是自己未來的真正決策者。當然，我們做任何一個關於自己未來的選擇，都必須參考許多人的經驗和教訓，但是一定要清楚的意識到，盲目的服從社會、別人的安排，與盲目的反對他們一樣，都會造成毀滅性的後果，都是對自己不負責任。

把人生之車的方向盤交給別人，我們就難逃扮演乘客的角色。

成功人士的經驗告訴我們，任何一個理想、幸福、成功的生活，基本上是由自己的選擇和行動決定的。我們真正認識並且使用自己對未來的選擇權的時候，就再也不會任由環境主宰我們，再也不會為了滿足別人的需要，違背自己的意願，無條件的接受擺佈。

我們決定自己的未來方向的時候，就可以清楚的知道，將在什麼時候、什麼地方有機會和責任去做出符合自己需要的決定。自己為自己做出的選擇，成功了有權利慶祝，失敗了有勇氣承擔。

自己的選擇，沒有理由讓別人為我們的失敗負責。一個選擇的成功，會激發我們做出更大的選擇，就不會因為自己的成功而變得驕傲、自滿。我們在未來的人生旅途中，一直會很清楚自己在失敗和成功之間所扮演的角色，總是可以找到自己的位置，把握自己的方向。

昨天和明天，沒有必然的關係

探討這個話題之前，我們先來看一個人的經歷：

六歲的時候，因為他是黑人，沒有一個白人同學願意和他玩耍。

八歲的時候，他喜歡問父親的朋友有多少財產，但是沒有人願意告訴他。

上小學的時候，他經常偷看姐姐的情書。

他天生有氣喘病，夜裡咳嗽，白天疲憊，那個時候的醫院根本無法治療。他非常懦弱，對很多東西都感到害怕。

他做什麼事都沒有耐心，連年輕人非常渴望的牛津大學，說放棄就放棄。

老師問他拿破崙是哪一國人，他懷疑老師故意作弄他，自作聰明的回答是荷蘭人。

別人都認為他傻，他就去測自己的智商，結果是九十六，和普通人無異。

如果身邊有這樣的人，我們會怎麼評價他？天生就不是優良品種，生下來就被社會剝奪很多機會，除了做苦力別無選擇；小時候就對談情說愛感興趣，簡直就是小流氓；連一個好身體都沒有，還可以期待他做什麼？對什麼都害怕，就是膽小鬼；對什麼事都沒有耐心，最後一定會一事無成；誰的話都不相信，自作聰明，一定會吃虧；智商和常人一樣，只能過常人的生活。

這樣的人，優點不多、缺點不少。如果這樣的人都可以出人頭地，除非火星撞地球。

我們再來看一位偉大人物的傳奇人生：

他從大學輟學，做過廚師、賣過傢俱、種過地，幾乎想做什麼就做什麼。

第二次世界大戰期間，三十一歲的他服務於美國情報局，做了幾年間諜。

他一生建立龐大、熟悉、複雜的人脈，通天入地，無所不能。他與美國國防部部長稱兄道弟，與紐約的著名律師、報紙總編輯經常把酒言歡。

三十八歲的時候，一無文憑、二無經驗的他，以六千美金起家，創辦全球最大的廣告公司，年營業額達數十億美金。

雖然從來沒有修過任何的廣告學分，他卻設計出無數膾炙人口廣告詞，至今還在使用。

患有先天性氣喘病被醫生斷定活不過四十歲的他，八十八歲才去世。最後，他送人一句話：「永遠不要把財富和頭腦混為一談！一個人賺多少錢，和他的頭腦沒有多大關係。」

這位傳奇人物，他的人生真的很傳奇。從他一生所取得的成就，我們會不知不覺的把這個人看成非常人所能企及的天才。一個患有先天性疾病，大學沒有畢業，混跡社會各個階層，三十八歲開始真正做事，靠六千元起家，把公司經營成同行業全球最大的公司的人，可以說，前無古人，後無來者。

其實，前面提到的那個黑皮膚的不良少年，和後面提到的億萬富翁是同一個人，他的名字叫做大衛・奧格威，奧美廣告公司的創始人。

我們把三十八歲之前的大衛・奧格威和三十八歲之後的奧美廣告公司的創始人的所有事蹟一一對照，我們找不到任何關係。我們無法解釋沒有耐心的人如何締造一個龐大的跨國集團公司，無法解釋患有先天性氣喘病的人怎麼可以活到八十八歲，無法解釋一個對什麼事都充滿恐懼的人怎麼可以做幾年間諜，智商不高的人為什麼會有驚人的智慧。

我們無法解釋的事，大衛・奧格威卻用自己的行動，證明這就是鐵錚錚的事實。

也許有人會說大衛・奧格威的成功是一個個例，他的成功不可複製。那麼，我們看看他以前的生活，是個例嗎？我們只從他的前半生，敢斷言這個人會成功嗎？恐怕一點成功人士的影子都找不到。

他後半生取得的成就與他前半生的行為，有必然的關係嗎？恐怕沒有。在他的前半生，找不到決定後半生的因素。

萬事、萬物都有一定的規律，唯獨我們的人生卻充滿變數。一位哲人說：「人生永遠不變的法則，就是改變。」有一位著名的人類學家說：「任何人的命運，都是不可估量。」

我們的人生只有兩萬多天！每一天的我們，卻因為選擇的不同而不斷變化。今天也許是一個乞丐，明天可能就成為富翁；今天是不可一世的權貴，明天可能就是階下囚。一個人的人生不可預測，也不能預測。用一句話概括，那就是：一切皆有可能，一切盡在把握。

所以，無論我們過去做錯什麼事，今天遇到什麼不幸，都不要過多的關心它。這些都是為我們發生的，就是用來讓我們改變的。

在一次各國權貴、富翁、明星的聚會上，世界著名的汽車商約翰•艾頓遇到他的朋友、後來成為英國首相的邱吉爾，兩個人無所不談。最後，約翰•艾頓向邱吉爾說起他不堪回首的往事。

約翰•艾頓出生在一個偏遠的農村，父母早逝，和姐姐相依為命。姐姐靠著給別人洗衣服、當保姆賺錢度日，兩個人過著有一頓沒一頓的日子。姐姐出嫁以後，姐夫容不下他，把他趕到舅舅家。舅媽很刻薄，在他讀書的時候，規定他每天只能吃一頓飯，還要收拾馬廄和剪草坪。上班當學徒的時候，他根本租不起房子，有將近一年多的時間，他躲在郊外一處廢舊的倉庫裡睡覺……

邱吉爾沒有想到這位大富翁有悲慘的過去，疑惑的問：「我們已經認識好幾年，怎麼從來沒有聽你說過這些呢？」

約翰•艾頓呵呵一笑，說：「有什麼好說的？努力改變它就對了。昨天和明天沒有必然的關係。如果一定要將它們牽連在一起，那就是：看你今天做了什麼。是把昨天糟糕的狀況延續，還是讓今天與昨天不同。」

我們昨天是誰不重要，今天是誰也不重要，重要的是：明天我們是誰。如果明天的你我，依然是今天的你我，你我在今天就註定被時代埋葬。

糾正小時候學到的不正確的東西

我們懷疑過一直被我們信奉為人生不二法則的名言嗎？我們懷疑過父母和老師的安排與教導嗎？我們懷疑過自己心中的偶像關於成功的忠告嗎？

可以肯定的說，很多人從來都沒有懷疑過。特別是對那些已經被成功人士驗證過、被譽為行之有效的經驗和準則，更是篤信不疑。他們的規勸和警告，成為我們不可觸及的高壓線。於是，很多年輕人毫無想法的在親人、偶像、朋友、老師等人畫好的各式框架裡，小心的行走，就是要避免失敗、受傷。

為此，我們在很小的時候，就被灌輸以下的詞語和句子：癡人說夢，異想天開，自不量力；做人要本份，做人要老實，腳踏實地，一步一腳印；做自己應該做的事，做自己可以做的事；成功有條件，巧婦難為無米之炊……總之一句話，就是教育我們走路的走路，過橋的過橋，騎馬的騎馬，癩蛤蟆不能妄想天鵝肉。

懂事、乖巧、聽話、服從的人，一直被認為是好孩子、好學生、好員工。我們不知不覺的接受並且習慣這些標準，也用這些標準來衡量自己什麼事應該做，什麼事不應該做。反過來想一想，我們這樣做，是自己的真實需要嗎？是真正為自己的人生負責嗎？未必！

比爾・蓋茲小時候，就被人們視為不務正業、不懂規矩的孩子。慶幸的是，比爾・蓋茲有一位偉大的母親。一九七五年母親節的時候，正在哈佛大學讀書的比爾・蓋茲送給母親一張卡片，他用斜體英文寫了下面一段話：

我愛您！媽媽，您從來不說我比別的孩子差，您總是在我做的事情中，不斷尋找值得讚許的地方，我懷念和您在一起的所有時光。

回頭想一想，我們幾乎就是在一些人的否定中長大的。無論我們怎麼努力，在父母的眼裡總不是最好的；無論我們如何盡力，老師總是可以找到不足的地方。我們一旦有與家長、老師相悖的想法和做法，就會遭到無情的扼殺或鎮壓。在這些人的眼裡，年輕人的任何想法都是幼稚的、不成熟的、一定會失敗的。

美國心理學界的專家們曾經做過一項調查：什麼人傷害你最深？調查的結果，沒有人想到：高居第一位的是「父母」，第二位是「兄弟姐妹」，第三位是「孩子」。

父母、兄弟、姐妹、孩子，都是這個世界上和我們最親近的人，怎麼會變成傷害我們最深的人？其實，仔細想想，就是身邊的這三種人，會理直氣壯的認為自己是最有權利幫助我們做選擇、做決定的人，都熱衷於從自己的角度、經驗、認識、立場，判斷另一個人應該做什麼，不應該做什麼。

這些人，為了達到自己的目的，總是習慣把簡單的事情變得複雜，把容易的事情變得繁瑣，讓年輕人感覺到，實現自己的想法會非常的困難，以顯示他們的權威和正確。其實，任何人的建議，都是以自己的需要為出發點，還冠冕堂皇的冠以無私的名義。

老師為學生講課，都講得晦澀難懂，以顯示自己的學問淵博；成功的人談論成功，總是拿著許多的例子證明自己是多麼的優秀和不可複製。

我們現在做事瞻前顧後、患得患失、想贏怕輸，和我們先前接受的教育、學到的理念有關係。我們從來沒有勇氣問自己：那些被我們奉為真理的東西，真的是對的嗎？所謂的真知灼見，都可以行之有效嗎？

人生的成功，就那麼遙不可及嗎？

事實上，我們認為自己不能做的事，是因為我們沒有做；被我們認為很難的事，是因為我們不敢做，才變得困難。

一九六五年，一位韓國學生考入英國劍橋大學，主修心理學。進入劍橋，使他有機會接觸到在各個領域取得卓越成就的科學家、企業家和世界知名人士。在韓國的時候，這些人被奉為前無古人後無來者、幾十年才出一個的天才，他們的成功事蹟幾乎被傳為神話，使他覺得這些人深不可測、高不可攀。

可是，這位韓國學生見到這些偉大人物的時候，發現他們和普通人一樣。他們走在劍橋大學的校園裡，和常人無異，氣質和舉止甚至還不如普通的講師和教授。

這些被韓國人頂禮膜拜的偉大人物，也和普通人一樣，經常到學校裡的咖啡廳喝咖啡、閒聊、讀書和看報。為了接觸這些心目中的偉大人物，他就經常去這些咖啡廳，找機會與他們交流、聊天。

透過接觸，出乎他意料的是，他發現這些成功人士，包括諾貝爾獎得主、一些領域的學術權威和一些創造財富神話的人，這些人都非常普通，只不過更幽默、風趣，可以隨心所欲的把深奧的學問與生活中淺顯的例子巧妙結合，讓即使沒有讀過書的人，都可以聽明白。

在這些人的眼裡，一切都不神秘，一切皆有可能。即使談到他們取得的偉大成就，也沒有讓人感覺有什麼特別之處。在他們看來，他們之所以取得成就，是因為他們做了而別人沒做，絕不是他們能做而別人不能做。

透過和這些偉大人物的多次接觸，這位韓國學生對他們有深刻的瞭解，得出的結論是：任何成功並不是常人所不及！成功人士在成功之前，也和常人無異。

這個時候，他才意識到，在韓國學習期間，他被那些國內所謂的大家、大師、成功人士和富翁們欺騙了。他們面對年輕人，總是把簡單的東西說得晦澀難懂，把年輕人渴望的成功說得難如登天。他們這樣做，只是在自己取得成功之後，懷著齷齪、陰暗甚至是卑鄙的心理，過份誇大自己的成功，使自己高高在上。他們擔心年輕人獲得成功的捷徑，進而取得更大的成功，使他們的光芒不復存在。

作為心理系的學生，他認為有必要對韓國的成功人士的畸形心理加以研究。一九七〇年，他把《成功並不像你想像的那麼難》作為研究課題，寫成畢業論文，提交給現代經濟心理學的創始人威爾・布雷登教授。

布雷登教授閱讀以後，既吃驚又高興，他認為這是心理學方面的新發現。這種現象雖然在東方甚至在世界各地普遍存在，但是沒有引起足夠的重視，還沒有人把它作為課題，大膽而深入的加以研究。

對於韓國這種畸形的成功怪論，教授深感憂慮。於是，他寫信給他的劍橋校友——當時已經成為韓國總統的朴正熙。他在信中說：「我不敢說這部著作對你有多大的幫助，但是我敢肯定，它比你的任何一個政令，更可以產生震撼。」

後來，這部論文在韓國出版以後，暢銷不衰。這本書使年輕人醍醐灌頂、茅塞頓開，重新審視自己過去接受的一切，重新定位自己的將來。他們意識到，想要獲得成功，首先要糾正自己小時候學到的不正確東西，徹底清除已經深入骨髓的精神垃圾。

成功與智商、學歷、出身、機會、付出多少，並沒有必然的關係。只要對某一個事業感興趣，長久的堅持下去，就會成功。因為上帝賦予我們的時間和智慧，足夠我們圓滿的做成一件事情。有一些人沒有成功，只是因為他們不是被嚇怕了，就是什麼事都不想做，或是做的事情太多、太雜。

那位重新定位的韓國青年，用自己的行動，證明自己的論文。回國以後，他經過不懈的努力，最後成為韓國泛業汽車公司的總裁。

中國有一句古話：「聽人勸，吃飽飯。」如果我們的一生僅僅是為了吃飽飯，那就凡事聽從別人的意見。我們想要在今生有一番成就，就要真正的審視自己的內心世界，檢查盛裝知識和經驗的包袱，看看哪些才是真正正確、健康的東西。

徹底寬恕自己的過去

作為一個人，一生中有三點我們沒有選擇權。

一、誰是自己的父母；二、出生在什麼樣的家庭；三、家庭在哪一個國家。

這三點，對我們的一生很重要，甚至決定今生的前途和命運。遺憾的是，這麼重要的三點，我們卻沒有選擇的權利。我們跨越生命之門的時候，這一切都已經成為只能接受的現實，不需要我們同意。

我們的父母，有可能是富可敵國的超級富豪，生活在社會金字塔的頂端，受到世人仰慕，決定很多人的命運；也可能是食不果腹的難民，居無定所，顛沛流離，受到世人冷落對待，連自己的明天都不知道如何度過。

三十歲之前看父敬子，三十歲之後看子敬父。這句話的意思是，三十歲之前，父親在世人的眼裡如何，我們就如何；三十歲之後，我們在世人的眼裡如何，父親就如何。

不要埋怨世人勢利，因為埋怨也沒有用。

也許父母能量大，會給我們營造良好的生活、學習和發展的環境，給我們提供龐大的人脈資源、巨大的資本支持，使我們從很高的起點出發。同齡人奮鬥十年、二十年，也很難達到我們起點的高度。

如果我們有這樣的父母、家庭，應該倍加珍惜。以虔誠的感恩之心，接過父母手中的火炬，把他們的事業做大、做強，把他們的愛心發揚光大，向世界更遠的地方傳遞。

如果父母只可以給我們帶來貧窮、饑餓、卑賤，因而遭到歧視、冷落和傷害，活著都成為社會的累贅和負擔。我們想發展，沒錢、沒機會、沒資源；找工作，沒門路、沒關係，不得不在社會的最底層，為了簡單的食衣住行苦惱、奔波。讓我們感覺到，自己就像荒原上的野草，自生自滅，沒有人在乎。

如果真的是這樣，也不要埋怨我們會有這樣的生活，因為生活本身就沒有公平可言。這不是我們選擇的，不能證明什麼。父母的成績，無法代表我們的價值；我們的過去，無法代表今天，更無法代表將來。

作為年輕人，只要是健康的站在今天的碼頭，就沒有必要抱怨自己過去乘坐的船有多破，因為過去的已經過去。從現在開始，無論我們出身寒舍還是豪門，起點都是一樣。明天對任何一個年輕人來說都是未知的，一切在於我們如何把握。

對於出身卑賤、家境貧寒的人來說，想要明天可以有所作為，現在最應該做的，就是寬恕自己的過去。如果我們現在還對自己說，「如果我的爸爸是有錢人，如果我可以獲得更多的支持，或是有更好的關係就好了……」「如果我上大學的時候，選別的科系就好了……」等類似這樣的話，只會徒增我們的悔恨和悲痛。結果只會使自己感到前途渺茫，再多的努力也沒有幫助。

我們只能坦然的接受自己的過去，停止那些自殘的想法，立即做自己可以做的事、應該做的事，想做的事，否則，就會像一個背著過重行李的人一樣，步履艱難。

如果不能寬恕自己的過去，過去的一切不如意就會浪費我們更多的精力。所以，最好把用來抱怨、哀嘆的精力和時間，用在可以改變過去的地方，用在可以證明自己存在的價值上。一位著名的教練曾經說：「**上帝讓你的眼睛長在頭的前面，就是為了讓你向前看、向前走，而不是總是盯著過去。**」

有一位詩人這樣描寫自己的過去：我相信有一天，我流過的淚將會變成花朵和花環，我遭受過千百次的遍體鱗傷，將會使我一身燦爛……

所以，無論我們過去貧窮還是卑賤，失敗還是失意，都應該把這些從心頭卸去，徹底的寬恕自己和自己的不幸，還給世界一個真實的自己、真正的自己。

美國前國家安全顧問萊斯，十歲的時候隨著全家人到華盛頓旅遊。她非常想進入嚮往已久的白宮參觀，卻因為她的皮膚是黑色，無法像白人一樣進入白宮。小萊斯並沒有因為自己無法選擇的膚色向父親抱怨，她凝神遠望白宮很久，然後回頭告訴父親：「總有一天，我會住在這裡！」

年幼的萊斯，就明白再計較自己是黑人還是白人，再抱怨為什麼白人和黑人不能平等，對她，對整體黑人而言，毫無用處。她可以做的，就是寬恕、接受，再去改變。

果然，二十五年以後，以優異成績從丹佛大學畢業、已經成為俄羅斯問題專家的萊斯，以無可爭議的優勢，昂首闊步的進入白宮，擔任總統首席俄羅斯事務顧問，後來又升為國務卿，成為著名的外交家。白宮那條歧視黑人的規定，早就已經在黑色人種的努力下作古。

一位父親帶著兒子去參觀梵谷故居。看過那張小木床以及裂開的皮鞋之後，兒子問父親：「梵谷的畫那麼值錢，他應該是百萬富翁啊！」父親笑著說：「梵谷生前窮得連妻子都沒有娶。」

第二年，這位父親帶兒子去丹麥，在安徒生的故居前，兒子又困惑的問：「爸爸，安徒生不是生活在皇宮裡嗎？」父親笑著說：「安徒生是一位鞋匠的兒子，他就是生活在這棟破舊的閣樓中。」

這位父親的職業是水手，常年在大西洋各個港口忙碌，因為是黑人，所以他的收入少得可憐。這位兒子叫伊爾・布拉格，是美國歷史上第一位獲普利茲獎的黑人記者。二十年以後，在回憶童年的時候，他說：「那個時候我們家很窮，父母都靠出賣苦力賺錢養家。看到和父母一樣的黑人，只能從事又髒、又累、薪水又少的工作，我習慣的認為，像我們這樣地位卑微的黑人，不可能有什麼出息。幸好父親讓我認識梵谷和安徒生，這兩個人告訴我，上帝沒有看輕卑微。成功是沒有任何既定人選的，它只屬於可以為它奮鬥的人。它不屬於一個人的過去，只屬於一個人的將來。」

一個人怎樣對待自己的過去，就會有怎樣的將來。我們可以坦然的面對自己的過去，就會有一個光明的將來。如果我們對自己的貧窮、卑賤無能為力，就不要期待別人會大發慈悲的看自己一眼。任何同情和悲憫，也無法挽救已經把自己看低的人。

一個人最難跨越的，就是他的過去；人生最大的障礙，也是一個人的從前。我們不能用過去迷惑自己、束縛自己、沉溺自己，把自己的將來和過去畫上等號。

寬恕讓自己尷尬、恥辱甚至是憤懣的過去，是為了我們自己，而不是為了他人。放下即是快樂，徹底寬恕過去的人和事，會讓我們身心健康、精力充沛。

想想看，如果我們總是盯著別人在過去帶給我們的傷害，就會浪費我們很多寶貴的精力和時間。這些精力和時間，本來可以直接用於實現夢想和目標。我們需要向前看，並且積極行動，而不是停在過去或是現在。我們需要放下包袱，把自己從別人的控制下解放出來，以便輕裝出發。

從過去的痛苦記憶中解脫出來，立即對自己不滿意的地方採取積極的行動，是一個人成長、走向成功的關鍵。

要記住，沒有人可以傷害我們，過去可以，但是現在、將來卻不可以，除非我們允許它這麼做！沒有人擁有凌駕於我們之上、為我們選擇未來的權力，除非我們認為他可以擁有。

大量的傷感來自於自憐。我們透過自己的行動獲得成功之後，以前非常渴望的同情和憐憫，對那個時候的我們來說，已經變得一文不值。

Counsel 2

The world won't care about your self-esteem. The world will expect you to accomplish something before you feel good about yourself.

這個世界並不會在乎你的自尊。這個世界期待你在對自己感到滿意之前，要先有所成就。

這個世界不會在乎你的自尊

現在的年輕人，自尊心非常強，內心卻是非常脆弱。特別是作為社會的新成員，雖然沒有成就，卻強烈希望社會的其他成員可以給予我們最起碼的尊重。這不能不說是一種一廂情願。如果不符合對方夢想中戀人的標準，我們愛得越深，越會遭到對方的鄙夷。我們想要獲得對方的眷顧，達到對方的標準，才是最應該做的事。

年輕人都希望每一個社會成員都照顧到自己的自尊心，但是事實上，這個世界不會在乎我們的自尊，無論我們的自尊心有多強。有人說，想要獲得別人的尊重，就要先尊重自己，但是只有強烈的自尊還不夠。自己尊重自己很容易，想要獲得別人的尊重就不是那麼簡單。

年輕人想要有自尊，就要有獲得別人尊重的本錢——**我們必須是這個社會需要的人，而不是這個社會發展的包袱。**

這個星球自從有國家以後，國家就有發達與落後、文明與愚昧之分，國民就有高貴與卑賤、貧窮與富有之分。

人只要選擇活著，就要面對這個差距。這個差距可以改變，但不是每個人都可以改變。每個人都渴望生活在發達、文明的國度，身份高貴、家庭富有。遺憾的是，每個人對此沒有選擇的權利。我們跨越生命之門的時候，這一切已經成為事實。

人是群居的、有感知的動物。沒有人可以脫離一個國家、團體而存在，獲得團體成員的尊重與肯定，是一個人起碼的心理渴求。我們需要，別人卻沒有義務滿足我們的需要。我們存在與否，只要不影響別人的利益，別人就有權利視若無睹。

很多人都是勢利的，他們沒有時間和心情去關心與自己無關的人，除非這個人可以給他們帶來實在的利益。大部份的年輕人，暫時還是社會中的弱者。即使我們的父親權傾天下、富可敵國，別人可能會給我們尊重。事實上，他們是在尊重某個人的兒子，而不是我們。脫離父親，我們和其他年輕人一樣，一無所有。

我們越想透過父輩或是家庭來獲得別人的尊重，在別人的眼裡，我們更是弱者。父親不是我們，在社會上只代表他自己，我們永遠無法代表他。

人看人的視覺有兩種，一種是仰視，一種是鄙視。仰視是用來看社會地位比自己高、權力比自己大、財富比自己多的人；鄙視是用來看社會地位比自己低、權力比自己小、財富比自己少的人。

這是人性的弱點，不應該存在。但是這個世界上，不應該存在的事情太多了，也發生了。有時候，人連同類的生命都可以輕易剝奪，為什麼一定要尊重不如自己的人呢？

巴菲特不怕別人說他窮。儘管他不怕，但是也沒有人敢說。因為，說他窮的人，任何人都會認為他的精神不正常。

窮人確實沒有錢，但是最怕別人說他窮，說他無能。窮人認為別人這樣說他，是他的恥辱，是不顧他的自尊。如果說窮人有錢，窮人也認為那是諷刺，是挖苦，是他難以承受的打擊。

對待窮人，只能什麼話都不說！如果比窮人富有的人，什麼話都不說，窮人也會認為沒有人願意理他，他的心裡也未必好受。

事實上，無論一個人貧窮還是富有，作為社會中的一員，彼此都要互相尊重。但是，作為一個人，想要獲得別人的尊重，總要有讓人感覺應該給予尊重的理由。

我們在門口遇到一個乞丐，第一個月可能會毫不猶豫的同情他、可憐他，會給予幫助。人都有倒楣的時候，說不定哪一天我們也會像他一樣，需要別人的幫助。

如果第二個月這個乞丐依然來到門口，我們依然可以盡自己所能的幫助他。翻身是需要時間的，任何改變都有一個過程。

如果這個乞丐三個月、半年、一年、三年，一直都出現在門口，我們還會同情他嗎？乞討成為他的職業，不勞而獲成為一種習慣，我們再給予同情，結果是什麼呢？

上帝讓我們來到這個世界的時候，並沒有對我們做出任何安排。因為他知道，即使他再萬能，也不會把所有人都安排得很如意。

上帝不安排我們，是為了讓我們安排自己。社會上有很多位置，我們都可以獲得。即使我們渴望的位置已經被別人佔據，我們依然可以取代。

這個世界屬於人的一切事物，沒有永恆的。如果有，那就是改變。我們不改變自己，就要被別人改變。當然，也包括別人對我們的看法和評價。

別人選擇用什麼詞語形容我們，用什麼態度對待我們，取決於我們，而不是他們。

對自己感到滿意之前，要先有所成就

在二十世紀七〇年代的美國，作為個體的人，自尊意識被喚醒。尊重自己的個性和選擇，成為社會的主題。父母把孩子當作獨立的社會人看待，學校的老師開始向學生們灌輸自尊的觀念。

隨即而來的就是成功學，每一個成功大師都不停的鼓吹一套套的成功理念，並且形成許多口號式的勵志名言，例如：「年輕就是本錢」、「相信自己，一切皆有可能」、「做你認為是正確的事情」……

這些成功大師可謂是對「症」下藥，也許自己都不怎麼成功，對著年輕人卻大談成功，把成功鼓吹成一蹴而就的事，讓年輕人聽著熱血沸騰，感覺明天自己就可以主宰世界，擁有世界上的一切。

年輕人最喜歡這樣的口號，覺得一切事情在他們面前都變得很簡單。他們陶醉於自己的未來，很少去研究真正的對自己感到滿意應該來自什麼。自信不是簡單的相信自己就可以，成功也不是想到了就萬事大吉。

他們錯誤的認為，父輩之所有沒有富甲天下，是因為他們是在否定中長大的，膽小怕事，沒有挑戰性，接受新事物的能力弱，在機械、簡單的重複中勤奮，在盲目、盲從中不計成本與效益的付出。

因此，他們對自己感到非常滿意，認為自己接受高等教育，有青春、有熱血。什麼事情在自己的手裡，都會變得簡單；一切對他們來說，都還來得及。只要他們敢想、敢做，一切皆有可能。

於是，這些受鼓勵長大的孩子們，自信心極度膨脹，大有天下捨我其誰的感覺。只要自己是名校畢業、有高學歷，就認為畢業以後一定會有高薪水、高職位。

年輕人雖然對自己感到滿意，卻不知道自己到底是誰；年輕人自我陶醉，卻不知道周圍正在發生什麼事；年輕人喜歡評論別人長相的美醜，卻不知道自己是美還是醜；年輕人有太多的夢想與幻想，卻不會為理想張開搏擊的翅膀。

他們是特定的社會環境造就的一代人，考慮事情以自我為中心，以自我為出發點。遇到事情，想到自己的多，考慮別人的少。敢做但是浮躁，膽大但是脆弱，龐雜但是膚淺，他們需要在進入社會的第一天開始，小心的邁出堅實的每一步，冷靜的面對殘酷的現實生活。

這樣的人，根本沒有意識到，他們也許從七歲到二十七歲之間，從小學生到博士，都在讀書，也學到很多知識，但是事實上，他們學到的知識永遠都用不到，用到的知識在這二十年都沒有學。他們之所以對自己感到滿意，是因為不知道將一件事情做好有多麼困難。

對自己感到非常滿意，就不會為失敗做任何準備。遇到一點挫折，就會全面潰敗、信心喪失、一蹶不振，為失敗找的藉口和對自己感到滿意的理由一樣多。

這樣的年輕人，已經在思想和行動上，犯了兩個錯誤：

在思想上，年輕人認為，曾經發生過的一切都不再重要，也和自己無關。自己面前的重要的事，才是值得自己做的。在行動上，一直在尋找可以一下子改變自己命運的大事。認為只要抓住一個機會，就可以從臥室直接爬上天堂。

對自己感到滿意的年輕人一路狂奔，一奔就是十幾年，最後迷路了、迷茫了。回頭看一眼，很多人把自己曾經不屑做的事做好了，成為千萬富翁；從前公司的小員工，已經成為公司的負責人，甚至是公司的股東。他們現在取得的成就，就是自己一直渴望的。

沒有一個老闆會把公司裡的事情交給對自己感到非常滿意的人，但是會交給已經取得成就的人。沒有取得任何成就之前，就對自己感到滿意，是盲目的自大；取得一定成就以後，對自己感到滿意，是一種從容的自信。兩者有本質的差別。

年輕人沒有把事情做好之前，最好還是做一些力所能及的小事，取得一些小成功。當然，在社會上做事情，不等於在學校裡考試。在學校裡考試，是對過去學習知識的一種檢查方式，甚至是在考記憶力。

可以記住什麼並不重要，因為現在只要你把想要查的東西，在電腦上用Google搜索，沒有查不到的東西。考試可以考滿分的人，如果自己不會提出問題、思考問題、解決問題，記住再多的知識，也是沒有用。

知識不在於可以記住多少，而是在於用知識可以解決多少問題。

在社會上做事，就是解決問題，解決別人遇到的問題，解決自己遇到的問題。

不能解決問題，或是沒有解決過問題之前，就對自己感到滿意，是一種無知。盲目的對自己感到滿意，會導致小問題不屑解決，大問題無法解決。

年輕人不屑做簡單的事，期待做徹底改變命運的大事。但是，可以改變命運的一件大事是不會存在的，因為一件大事也是由很多小事組成的。

重要的事情總是很簡單，簡單的事情往往最難做。小事做不好，大事一定做不成。對自己感到滿意並不是缺點，但是要有一點成就、內涵才可以。就像微軟的最大野心，並不是維繫「世界最好、最賺錢的公司」，也不是打敗所有競爭者，而是把世界上所有最優秀的人才，都集中在微軟公司。

微軟的團隊，擁有世界一流的人才，創造一流的業績，可以說自己是世界上一流的團隊，但是這個團隊卻隨時意識到，自己的優勢只有十八個月。

在世界一流的團隊中，沒有人會對自己感到非常滿意，即使他們已經取得別人無法達到的成就。這是因為在他們身邊，沒有最優秀，只有更優秀。

成功是人生的最高境界

成功，是被現代人提及最多的一個詞語。年輕人都夢想成功、渴望成功，但是有多少年輕人可以瞭解什麼是真正的成功？恐怕沒有多少。

年輕人把成功簡單的想像成擁有大量的財富、極高的社會地位、掌握絕對的權力，三者得其一，就是成功。許多成功學就是這樣定義成功，甚至把成功簡單的定義為：賺錢，賺錢，賺更多的錢。

如果這樣來理解成功，不能說是非常錯誤的，但一定不是正確的。按照這樣的理解去追求成功，即使達到目的，也不會有成就感，反而會失去很多寶貴、重要和無價的東西。又容易被自己追求到的東西控制和駕馭，甚至不能和家人放心的看一場電影。這樣的結果，怎麼可以叫做成功呢？

金錢、權力和地位，都有兩種獲得方式：一是透過一些不正當的手段、不正當的管道竊取；一種是透過為他人提供周到、優質的服務以後，別人慷慨的贈予。

即使最終兩者都可以達到目的，但是前者的獲得是因為社會、國家和民眾的失去，將會使民眾與他們對立，為他們的未來和社會的穩定，帶來無法估計的隱患。他們追求的東西，就是自己未來的人生路上的一個陷阱，或是埋葬自己的墳墓。這樣的「成功」，於人、於己、於社會，都是災難。

後者也會達到前者的目的，但是他們會靠自己的知識和能力，為社會創造更多的財富，提供民眾需要的服務，改變民眾的生活品質，甚至改變民眾的生活理念與模式。這樣的人，他們獲得金錢、權力和地位，是來自於服務，而不是攫取，是社會對他們的一種回報和獎賞。他們會把自己的財富和權力，用於維護社會的和諧。

年輕人對成功的理解不同，追求成功的方式也不一樣，導致他們會有不同的人生道路。不夢想成功的人，一定無法成功；把成功錯誤理解的人，最終會慘遭失敗，為自己的錯誤行為負責。只有真正理解成功的人，無論起點如何、經過如何，結果就是一種——圓滿。

「微軟人」都熱愛微軟。那裡是所有年輕人的熱土，那裡的工作量非常大，但是人才流失率是三・四％，遠低於其他公司。

儘管在微軟工作，會獲得很豐厚的薪資，但是很多年輕人並沒有把微軟看成是自己一生的歸宿，而是把它看成是自己的一個成長平台。相信他們在這個平台上，會從專業人才成長為複合型人才，從一個軟體工程師成長為專業經理人。

他們在微軟獲得薪資財富、工作經驗的時候，考慮更多的是如何回饋社會，如何擔負時代賦予自己的社會責任。

境界和目標是不一樣的。境界是一個世界，是一個沒有邊際的立體空間，但是目標是一段旅途的終點。

一個平面上會有無數個線段，一個立體空間裡會有無數個平面。線段與線段之間，可以有長短、粗細的比較，就像兩個有錢人可以比較財富多少、社會地位高低一樣。立體世界從來不評價線段，它們已經習慣要求自己，不習慣要求別人。

真正的成功者，他們永遠都在做最好的自己，也知道最好的自己永遠都做不好。因為，他們的成功目標是改變世界，而不是僅僅改變自己。改變自己的線段早已經完成，他們想把自己變成一個無限大的立體世界，讓所有人感知、感悟真正的成功是什麼。

真正的成功者永遠是謙卑和感恩、陽光和自信，任何人與他們接觸、交往，或是聽他們的演講，總會有一種如沐春風的感覺，感覺他們就像鄰家的哥哥、姐姐，因為他們總是給人一種觸手可及的真實。

要說他們比普通人多了什麼，他們只不過是比普通人知道自己缺什麼。普通人往往除了錢，並不知道自己真正缺什麼。

唯有成功可以改變你的人格和尊嚴

美國有一個家喻戶曉的女人，她是《當上帝說不的時候》的作者布里莉絲。她是著名的演講家、暢銷書作家。她的故事，美國人耳熟能詳。她每年有三分之二的時間，是在飛機上度過的，因為她要在美國各個州進行演講，激勵生活在社會底層的人。

布里莉絲出生於普通的工人家庭，二十歲剛出頭就嫁給花言巧語的史密斯。結婚之後，布里莉絲在洛杉磯買房子，生下兩個孩子，日子儘管不算太好，但是還過得去。

布里莉絲第三次懷孕的時候，史密斯徹底撕下假面具，天天在外面鬼混，好幾天都不回家。即使回家，也是滿身的酒氣，隨便找一個理由就和有孕在身的布里莉絲吵架，並且大打出手。

布里莉絲為了家庭，為了孩子，為了丈夫回到孩子的身邊，婚後就辭去證券交易所的工作，把全部心力放在家庭、孩子和丈夫的身上。她想透過的自己的努力，挽回和諧、幸福的家庭，同時也挽回一個女人的尊嚴。

布里莉絲辭去工作，沒有收入，更讓史密斯瞧不起，無論她在他面前如何低聲下氣、委曲求全，但是在她生第三個孩子的時候，只有兩個不懂事的孩子在醫院裡陪伴她。

第三個孩子出生半天之後，就夭折了。她滿懷喪子之痛回到家裡，不但沒有得到史密斯的安慰，而且還遭到暴風雨般的毆打。史密斯一腳把布里莉絲從二樓踹倒，無比虛弱的她順著樓梯滾下來，重重的摔在一樓的地上。

這一次，把布里莉絲徹底摔清醒了。她意識到，想要在史密斯面前擁有自己的人格和尊嚴，只有自己變得富有和強大才可以，靠乞求、哀告、逆來順受只會讓他更瞧不起自己。於是，她提出離婚的要求。

善良而一無所有的布里莉絲，根本不是史密斯的對手。他透過各種卑鄙的手段，買通律師，轉移家中的大部份財產，搞臭她的名譽，最後連孩子的監護權她都沒有得到。在洛杉磯，布里莉絲不是好妻子，不是好母親，甚至不是好女人，在任何人面前，都不能得到一個人應該得到的最起碼的尊重。

布里莉絲沒有辦法，只好移居紐約。她找到一份工作，開始學會獨立生活。布里莉絲說，那段日子，沒有人把她當人看，連她都懷疑自己是一顆災星，只會給認識她的人帶來災難。伴隨她的，只有書和上帝。

利用工作之餘，布里莉絲寫了一本書，名叫《從女孩到女人》。她把書稿寄給五十多家出版商，因為她不是知名作家，每一家出版社都拒絕出版，哪怕她的出版條件低到近似乞討。有些出版商不但不出版她的書，甚至嘲笑她，說她最不適合的職業就是寫作。

後來，有一家出版社出版她的書。沒想到此書一上市，就受到全美國女性的追捧，一年發行二百多萬冊。

這本書的成功，改變布里莉絲的命運，使她有實力請到最好的律師，要回原本屬於自己的子女監護權，又遇到真正愛她的好男人——約翰……

現在，布里莉絲已經成為當代美國傑出女性之一，成為戰勝不幸生活的傑出代表。這是因為在後來，她曾經被最信任的朋友騙得傾家蕩產，差一點被子宮癌奪去生命，承受第二次失去愛子的打擊，從颶風後倒塌的房屋下堅強的活下來……

作為風靡全美國的演講家，布里莉絲在演講中強調，弱者有人格和尊嚴，但是不會有人在乎，甚至每個人都以踐踏你的人格和尊嚴為樂。你大聲抗議，只會遭到更嚴重的嘲笑。你想要活得有尊嚴，只有在事業上獲得成功，比嘲笑你的人更強大、更成功。

很多人說七年級的年輕人，是生在蜜罐裡，活在戰場上。這句話，很生動的說明現在年輕人的生活狀況。作為飽受爭議的年輕人，我們帶著激情和夢想，拿著花費十幾年時間獲得的學歷，興沖沖的來到社會上，希望成大事、立大業。

然而，人生的戰場給我們的感覺是：生，容易；活，容易；生活，不容易。在這個沒有硝煙、充滿鬥士的戰場上，想要獲得一場戰鬥的勝利是很困難的，更不用說獲得一場戰爭、一場戰役的勝利。

本來就一無所有的我們，作為社會的後來者，要處處為別人的責任負責，不得不面對不公平的叢林生存法則、有影無形的無規則遊戲、高得不是窮人可以過問的房價、想提高就會提高的生活成本。基本的生活需要，像一個無法填滿的無底洞，使我們人生的第一桶金遙遙無期。

我們認識到錢不是萬能、沒有錢萬萬不能的時候，我們覺得自己已經長大、向父母要錢不再是理直氣壯的時候，才覺得錢是那麼的可愛。可是，這個時候，社會給我們的感覺，就是一切都已經佈局完畢。每個行業都形成一個個類似銅牆鐵壁的圈子，圈子裡存在著人力、財力、規模乃至各個方面都無比巨大的航空母艦。我們似乎只能成為航空母艦上的一個零件，靠著腦力或是體力，從別人的手裡賺一些小錢，別無選擇。

公平，成為一種奢侈品。在擁擠的城市裡，謀求食衣住行的資本過程中，習慣一次次接受，習慣一次次妥協。生活，告訴我們學會忽略，學會忘記。在社會這塊巨大的磨刀石上，我們不但沒有磨出鋒利的冷刃，而且被磨得沒有稜角，沒有脾氣，自己逐漸變成連自己都討厭的人。

如果我們真的接受了，寧願做社會、他人的蟻工，也無所謂。但是從小就刻在骨頭上的人格和尊嚴，卻讓我們的內心深處隱隱作痛。我們不想那麼活，也不想這樣過。父輩沒有尊嚴、沒有脾氣的生活方式，不想在自己和自己的下一代身上，做沒有絲毫改變的重複。

人格和尊嚴，神聖不可侵犯。但是作為生活的弱者，不得不接受強者肆意的閹割和踐踏。曾經是奴隸的人，一旦成為奴隸主，對奴隸的壓榨是花樣繁多的。因為，他更瞭解奴隸的弱點。對此，我們憤怒、抱怨，但是卻忍耐。

就學的時候，老師教我們「不為五斗米折腰」，教誨我們：作為一個人，無論貧富貴賤，人格是神聖不可侵犯的。當時，我們篤信不疑。沒有進入社會之前，我們都一直那樣活著，哪怕是極度的自負，又極度的自卑。

人格和尊嚴，是我們不允許別人觸及的私人領域。從人格和自尊的本質上來說，社會上的每一個人都是平等的，應該彼此尊重。然而，這只能在書上成立。一個人格不完整的強者，會當著弱者的面，把弱者的自尊摔在地上，用腳踩出渣。

現實生活的殘酷，像一雙惡毒的手，對我們進行野蠻式的剝奪，儘管我們一百個、一千個不情願，卻在忍耐、等待中逐漸接受，在接受中被同化，直至習慣。這種生活方式絕對不是我們需要的，想要活得有尊嚴，就要明白自己的人格和尊嚴靠什麼保障和支撐。

生活的任何遊戲規則，都是強者制定的，弱者沒有發言權。老虎永遠看不見兔子的眼淚，牠只在乎兔子的肉是不是鮮美，怎麼會想到兔子也是森林的一條生命？兔子在老虎面前暢談人格和尊嚴的時候，只會被老虎認為是瘋子。

作為年輕人，想要保持人格的完整，活得有尊嚴，靠什麼呢？

靠抱怨和牢騷一定不行，靠乞求和吶喊也不行。這樣做，只會獲得毫無價值的同情。在財富散落社會各個角落的年代，沒有人會真心同情四肢發達、內心脆弱、用眼淚守護人格和尊嚴的年輕人。人們崇拜的是戰士，哪怕是戰死的戰士。

在任何人都可能成功的年代，想要活得有尊嚴，就要靠自己的實力證明。只有當一個人在事業上獲得成功的時候，他的人格和尊嚴，就連他曾經遭遇的苦難，都是激勵人們的最佳故事。

作為一個人，就要做對別人有用的人。服務更多的人，才可以表現我們存在的價值。一個社會的寄生蟲、家人的包袱、親人的恥辱，就沒有資格談人格和尊嚴。就算我們應該有人格和尊嚴，也禁不住一次次毫不珍惜的典當。

唯有成功才是真理，才可以證明一切。證明一切，才可以獲得一切。

Counsel 3

You won't make 40 thousand dollars a year right out of high school. You will not be a vice-president with a car phone, until you earn both.

高中剛畢業，你不會一年賺四萬美金。你不會成為一個公司的副總裁，並且擁有一部裝有電話的汽車，直到你將兩者都賺到手。

不要陷入和別人比較的陷阱

我們想一個問題：一隻大象和一隻麻雀，突然遇到蛇的襲擊，會是怎樣的情形？

大象對付蛇的辦法很簡單，因為牠的皮很厚，力大體重，根本不把蛇的攻擊當一回事。牠轉過身，抬起粗而有力的大腿，朝著蛇的頭一腳踩下去，不用一秒鐘，就會把蛇徹底消滅。

麻雀在草叢中覓食的時候，潛伏在草叢中的蛇忽然竄出來，偷襲弱小的麻雀，想一口就把牠變成腹中之食。

麻雀不會因為自己的弱小而放棄反抗，牠也不會展翅逃跑，更不會像大象那樣輕而易舉的把蛇解決掉，而是一邊閃躲，一邊用爪子不停的拍擊蛇的頭部。麻雀的力量非常小，牠的一次擊打對毒蛇不會造成什麼傷害，反而會激怒蛇向牠發起猛烈的進攻。

麻雀一邊躲避蛇的襲擊，一邊用爪子繼續拍擊著蛇的頭部，而且只拍擊一個點，最讓人驚奇的是，其落點分毫不差。在麻雀拍擊一千多次以後，蛇終於無力的軟癱在草地上，被體重和力量小於自己許多倍的麻雀解決了。

同樣是對付一條蛇，大象和麻雀有不同的方法，結果是一樣的。麻雀要比大象麻煩得多，費時又費力。但是，麻雀沒有辦法和大象比較，牠只能以自己的方式贏得戰鬥。原因只有一個：牠是麻雀，不是大象。

如果麻雀非得像大象那樣對付蛇，結果只會成為蛇的腹中之食。

之所以提到這個故事，就是要提醒現在的年輕人：**我們來到社會上打拼，千萬不要掉進和別人比較的陷阱之中。人與人即使同時做同一件事，有些人一蹴而就，有些人就要費盡心力；有些人一通電話就可以解決，有些人踏破鐵鞋也毫無進展。**

人比人得活著，貨比貨得留著。同樣是人，成長環境、聰明才智、教育程度、社會背景、人脈關係都是有差別的，不能比較。別人會做的事，我們未必會做；我們會做的事，別人未必會做。每個人有每個人的道理，沒有比較性。

比較，會使人喪失理智、變得瘋狂，最終不但不會以適合自己的辦法，達到自己的目標，反而會在比較的陷阱中，忘記自己是誰、要做什麼、會做什麼、要去哪裡。

公司中的比較是無時不在的，也可以說，沒有比較就沒有進步、沒有發展。

同一個行業，不同的公司比的是誰的產品更先進、更廉價、更人性化，服務更周到，服務範圍更廣。這樣的比較是應該提倡的，結果是逼迫公司不斷的提高產品品質，把服務品質從讓顧客滿意提升為讓顧客感激，最終結果是公司與消費者共贏。

在一個公司裡，同事之間也會有比較。他們應該比較誰在公司成長的速度最快，誰的能力最強，誰為公司創造的效益最多。遺憾的是，很少有人會這樣比較，他們會比較誰做得最少拿得最多，誰進公司的時間最短升遷得最快，誰住的房子最大誰開的車子最好。即使自己是一隻麻雀，也希望像大象一樣，輕而易舉的獲得自己的戰利品。

現在社會中的人，之所以呈現前所未有的浮躁，都是比較惹的禍。特別是年輕人，無時無刻不在與別人比較，進而變得盲目、盲從……

在比較中，自己的眼裡全是別人，而且別人都比自己優秀，都比自己活得好。於是，只要有一家公司開出的薪水比自己的公司高，不管那一份工作適不適合自己，那個公司的文化適不適合自己，轉身就去；只要一個行業比自己的行業賺錢，想改行就改行。

其實，在現在這個多元化、多途徑成功的時代，作為年輕人，根本沒有必要和別人比較。沒有錢的人和有錢的人比物質上的消費，只會使自己不斷的刷爆信用卡；沒有能力的人和有能力的人比較，只會在成功的路上，使自己更自卑。

年輕人一旦陷入比較的陷阱中，就會找不到自己的正確位置，找不到適合自己發展和成功的空間。結果，應該做的事情沒有做，想要做的事情沒做好，不應該做的事情做得很失敗。

微軟是人才濟濟的公司，但是這裡沒有盲目的比較。每個人，無論是新加入的員工，還是工作十幾年的員工，都對自己的人才類型、特殊專長，有清楚的認識和定位。他們的目標只有一個，那就是——做最好的自己。

做研究工作的人員，以自己可以在世界權威雜誌上發表重量級的論文為榮耀；做測試工作的人員，以找到隱蔽的「臭蟲」為成功，做客服工作的人，以幫助客戶及時解決問題為驕傲。在這個團隊裡，沒有最好，只要更好。

微軟作為世界上最有競爭實力的公司之一，要問它的成功秘訣，恐怕就是它沒有和其他國際大公司比較。世界上很多大公司，最起碼要發展幾大產業，以「雞蛋不能放在一個籃子裡」的名義，什麼賺錢做什麼，哪裡有錢就去哪裡。

微軟沒有和那些大公司比較，它只做自己最擅長的軟體發展。比爾・蓋茲認為，可以把軟體做好，就已經是很困難的事情。

作為年輕人，可以羨慕別人，但是不能和別人盲目比較。我們要明白自己是誰，要做什麼，要去哪裡。可以徹底瞭解這三個問題，就已經進入準成功的境界。

年輕的時候，學歷拿得越高越好

在二〇〇七年，比爾・蓋茲接受母校哈佛大學的邀請，為畢業生做了一次精彩的演講。在演講的開始，這位世界首富在簡單寒暄之後，講了下面一段話：

有一句話我等了三十年，現在終於可以說：「老爸，我總是跟你說，我會回來拿到我的學位！」

我要感謝哈佛大學在這個時候給我這個榮譽。明年，我就要換工作了（註：從微軟公司退休）……我終於可以在履歷上寫我有一個學士學位，這真是不錯啊！

我為今天在座的各位同學感到高興，你們拿到學位比我簡單多了。哈佛大學的校報稱我是「哈佛大學歷史上，最成功的輟學生」。我想，這大概使我有資格代表像我這一類的學生發言……在所有的失敗者中，我做得最好。

但是，我還要提醒大家，我使得史蒂夫．鮑爾默（註：微軟總經理）也從史丹佛商學院輟學。因此，我是一個有惡劣影響力的人。這就是為什麼我被邀請在你們的畢業典禮上演講。如果我在你們的入學歡迎儀式上演講，那麼，可以堅持到今天在這裡畢業的人，也許會少得多吧！

這是比爾．蓋茲式的幽默。即使他在哈佛大學新生入學歡迎儀式上演講，學生也不會因為他成為世界首富而拷貝他的成功模式。每位同學會更刻苦的完成自己的學業，因為每個人都知道，進入大學沒有讀完的比爾．蓋茲的微軟公司工作，首要的條件是擁有博士學歷。想要在微軟可以獨當一面，必須是優秀博士生中最優秀的。

比爾．蓋茲並沒有因為自己沒有讀完大學，而否認學歷無用。微軟的強大，是因為微軟囊括世界上頂尖的軟體人才，擁有由科學家、研究員、工程師組成的研發團隊。這些人，都是世界上優秀大學培養出來的優秀學生。

微軟作為世界一流的公司，沒有大片的廠房，沒有機器轟鳴的生產線，看不到成群結隊的員工。可以看到的，就是一個人，一台電腦。他們賣的就是知識，就是技術。在那些電腦後面的人，學歷一個比一個高，成就一個比一個大。

每一位在微軟工作的人，都清楚的意識到：知識和智慧的價值，已經遠遠超過以往任何一個時代。如果再拿某一個沒有學歷還可以成功的個案證明學歷無用，進而放棄學習和深造，不但是愚蠢的，而且還是可悲的。

鼓吹學歷無用的人，有兩種。一種是某一個方面的天才，他們可以取得成功，但是他的成功需要一種巧合——天上突然掉下一塊餡餅，正好砸進他嘴巴裡的巧合。

即使真的有天才，這個天才如果不學習、不思考，也不會做出偉大的成就，依然會淪為平庸的人。

其實，世界上根本沒有天才，只有高智商的人。再高的智商，如果不進行開發、引導和駕馭，也不會成為對社會有用的人。人們喜歡稱誰為天才，那是他們只看到那個人取得不可思議的成功，卻沒有關心他的努力和付出。

第二種鼓吹學歷無用的人，是透過死板的考試拿到學歷，學到課本上的知識，卻沒有學會如何整合知識、運用知識。他們不知道自己想做什麼、可以做什麼，這樣的人也不會有人雇用，因為他不能為老闆解決任何問題。

這樣的人，自己不會運用知識，也不向別人學習如何運用知識，當然不會取得「階段性」的成功。

世界上沒有永久的成功，只有「階段性」的成功。年輕人，只有取得哪怕是一個「階段性」的成功，都會深深感覺到自己學識的不足、知識的缺欠。越是取得大成功的人，越謙虛，越如饑似渴的學習，就是這個原因。

有一個年輕人問愛因斯坦：「您已經是物理學界的大師，世界上幾乎沒有人可以超過你，你何必還要孜孜不倦的學習各方面的知識呢？難道您還覺得知識不夠用嗎？」

愛因斯坦沒有馬上回答年輕人的問題，而是找來一支筆、一張紙，在紙上畫了一個大圈和一個小圈，對那個年輕人說：「現在，在物理學這個領域中，可能是我比你懂得稍微多一些。你所知道的物理知識是這個小圈，我所知道的物理知識是這個大圈。然而，整個物理學知識是無邊無際的。小圈，它的周長短，與未知領域的接觸面積小，它感受到自己未知的東西比較少。大圈與外界接觸的面積大，感受到自己未知的東西比較多，所以會更努力的學習。」

由此可見，知識不是無用，而是無處可用。有處可用，就會感覺缺乏。更何況，一個人的成功，不僅僅靠專業知識，更要靠變化無常、沒有規律可循的社會知識。

比爾．蓋茲，一定是哈佛大學的驕傲，因為他曾經是哈佛大學的學生，儘管他在哈佛大學學的不是電腦，儘管他連大學的課程都沒有修完。但是，作為真誠的比爾．蓋茲，從未否認過哈佛大學對他一生的影響。

在攻讀高學位的過程中，我們會接觸到在某一個領域已經非常成功的導師、非常聰明的同學，我們會生活在由聰明人組成的團體中。在這樣的團體中，我們受到各方面有形和無形的影響，是無法衡量的。在這個影響之下，我們才會不斷的充實自己、更新自己、否定自己，同時成就自己。

拿到高學位，是我們人生中這段時間的任務。如果我們在這段時間沒有完成這個任務，就可能要用一生的時間去彌補這個損失。

作為年輕人，正是學知識的好時候。我們應該利用人生這段最佳的學習時間，多學習知識，可以拿高學位，就拿高學位。

接受自己所在的時代和社會

接受自己所在的時代和社會，似乎不是話題，值得放在這裡探討嗎？當然值得。因為很多年輕人都在抱怨自己所在的時代和社會，抱怨意味著厭倦或是憎恨，當然無法談到愛自己所在的時代和社會。

我們之所以厭倦這個時代和社會，是因為感覺它不公平。這個時代為社會製造各種各樣的「潛在規則」與「沒有規則」的遊戲，把簡單的事情複雜化，讓涉世不深的年輕人大傷腦筋。我們看不懂、讀不透，在學校裡曾經篤信不疑的東西，似乎全部被否定。我們花大把金錢、時間和精力研讀的專業知識，到頭來卻毫無用處。

在這個時代，我們進入社會，就會發現社會上早已經畫好一個個圈子，每個圈子都是壁壘森嚴，想成為圈子裡的成員，非常的困難，特別是擁有巨大利益的圈子。

儘管是這樣，我們也不能恨這個時代和社會，原因有二：

一、我們只要活著，就無法脫離這個時代和社會；

二、這是屬於我們的時代和社會，就像我們的父母和家庭一樣。我們即使不愛，也只有接受，別無選擇。

接受一個時代和社會，必須要知道這個社會和時代的特點。出生在二十世紀八、九〇年代的年輕人，進入社會已經是二十一世紀，這個時代和社會的特點是什麼呢？

最明顯的特點是，這個世界出現前所未有的平面化、一體化，地域、國界、種族、民族的界線都在淡化。隨著人口的增多，知識更新的速度不斷加快，科技迅速發展，個人接受教育的程度加深，消費者對服務品質的要求越來越高，進而導致這個時代和社會在一定區域內的競爭空前慘烈。

只要我們進入社會，就會強烈的感覺到，這個時代和社會就是一個充滿競爭的時代和社會，每一個角落都充滿競爭，每個人都在和我們競爭，而且還不是同一級別的對手和我們競爭。我們往往要面對無論實力、財力、勢力都遠遠高於我們的對手。

這個世界雖然是平的，但是這個社會卻沒有公平可言。任何競爭，看似平等，其實都是在不平等的情況下進行的。因為我們競爭，不只是是體力和智力。

舉一個例子，同一所大學畢業的甲和乙。甲的父母是跨國公司的總經理，乙的父母是鄉下地方的農民，兩個人同在一個城市發展，誰的成功會來得更早一些呢？不要以為富家子弟都是紈褲子弟，成功的父母更知道如何培養自己孩子的素質。窮人家孩子的人格、性格存在缺欠的，比比皆是。

甲，在城市裡衣食無憂，有父母提供的財力支持，有父母建立的人脈關係，進可以創業，退可以進入大公司上班。只要他有理想、有抱負，一切問題在他的面前都會變得很簡單，他的飛黃騰達會來得很快。

乙，在城市裡除了一張證明自己受過高等教育的文憑以外，什麼都沒有，一切都要從零開始。工作賺來的錢，要支付龐大的生活費用，還要拿出一部份補貼貧困的父母。人脈存摺從零開始積蓄，經驗要靠時間累積。他至少要奮鬥十年，才會擁有甲畢業時的社會資源和財力。

在我們接觸這個時代和社會的開始，就要認識到，在和平年代，社會財富掌控在少數國家甚至是幾大家族手裡。他們依靠財富的力量，隨心所欲的制定各種遊戲規則。我們在這個時代和社會上追求財富，在他們的眼裡猶如螞蟻搬運食物一樣，他們可以像對待螞蟻一樣對待我們。

如果把時代和社會當作棋盤，我們大多數人都是這個棋盤上的棋子，總是被有形或是無形的手操控著。

下棋的人把我們擺在什麼位置，我們就會有什麼力量或是什麼下場。

所以，我們從貧窮到富有、從弱小到強大，絕對是一個在夾縫中求發展的過程。就像一粒樹種，想要成為一棵參天大樹，就要經歷一次次乾旱、狂風、冰雹、蟲噬、刀削、斧伐等災難。任何一次災難都沒有預知，都沒有為什麼。

萬能的上帝把我們派到這個社會上，就是因為社會還不完美，時代尚須進步。我們想要成就自己的夢想，就要擔負屬於自己的社會責任。能力越大，擔負的社會責任越大。

我們無論強弱、窮富，都是這個時代和社會中的一員，都承擔著社會與時代賦予我們的使命。我們在接受自己所在時代和社會的同時，先完善、壯大自己，再完善這個時代和社會，並且在此過程中，使自己獲得成功。

唯有自己在某一點上成功，才會具有改變時代和社會的力量。

人是時代和社會的產物。一個人成功與否，和他認識、接受、適應所在的時代和社會程度息息相關。同時，受到時代和社會的限制，反過來影響時代和社會。

認識到這一點，對年輕人很重要。**把成敗得失看得淡一些！看淡，並不是意味著作為弱者的我們就要認命，而是要明白，在這個時代和社會，一切靠命運安排和一切靠自己努力，都是不切實際。**

二十一世紀是充滿激烈競爭和挑戰的世紀，每個人都會面臨很多挫折、困難和失敗。我們不要把失敗和挫折當作是一種懲罰，而是要把它當作是很好的學習機會。

我們有失敗，是因為我們要成功；我們有痛苦，是因為我們要成長。

比爾・蓋茲在哈佛大學的演講中，曾經針對時代和社會的問題，給年輕人提出一個忠告，他說：

「與這個時代的期望一樣，我要向今天各位畢業的同學提出一個忠告：你們要選擇一個問題，一個複雜的問題，一個有關於人類深刻的不平等的問題。然後，你們要變成這個問題的專家。如果你們可以讓這個問題成為你們職業的核心，你們就會非常傑出。但是，你們不一定要去做那些大事。每個星期只用幾個小時，你就可以透過網路得到資訊，找到志同道合的朋友，發現困難在哪裡，找到解決它們的途徑。」

「不要讓這個世界的複雜性阻礙你前進，要成為一個行動主義者。將解決人類的不平等視為己任，它將成為你生命中最重要的經歷之一。」

因此，我們不但要接受這個時代和社會，還要愛它們，進而改變它們。

Counsel 4

If you think your teacher is tough, wait till you get a boss. He doesn't have tenure.

如果你認為你的老師嚴厲，等你有了老闆再這樣想。老闆是沒有任期限制的。

人生的距離，是在大學拉開的

為了不讓自己的孩子被同一代的孩子拉開距離，孩子從出生開始，歷經幼稚園、小學、中學，都是在父母、老師的嚴格監督之下、考試與升學的重壓之下度過的。這一點正好和美國的教育相反，他們被動的承受美國大學生必須承受的的壓力。在應該充滿幻想、快樂的人生階段，被一種類似監禁般的生活束縛著。

美國的父母和老師，在孩子的小學、中學時代，會給他們一個快樂的時光，主要是培養他們良好的生活習慣，認識做人與做事的基本準則，鍛鍊他們的心理素質，培養與人溝通的技巧。

當然，這不是以「填鴨式」的方式強加給他們。家庭、學校必須保證孩子在一種非常快樂、輕鬆的狀態下，循序漸進的認識並且掌握。到了大學，美國的孩子必須努力學習、主動學習，把所選的專業科目學精、學透，否則就無法畢業，更無法在社會上立足。

我們的孩子，在小學生活在各種補習班裡，在中學生活在各種考試過程中。原本應該生活在花季之中的他們，在各種題庫中淹沒，有任何想法都會被視為另類。父母對他們只有一個期望，那就是：考上一流的大學。只要可以考上一流的大學，就算是與同齡人拉開距離。

這些孩子一旦考上大學，父母不再管教，老師不再督促，他們覺得徹底解放，可以隨心所欲。在原本應該全力以赴、集中精力、認真學習的時間裡，他們卻對學習厭倦、麻木。他們以為進入一流大學，就等於進入「保險箱」，事實絕對不是如此。

所謂的一流大學，只不過是研究的實力雄厚一些，研發的數目多一些，培養的博士多一些，發表的論文多一些。但是，我們不能忘記，大學的主要功能是為社會培養人才，無論什麼大學，培養出來的學生，如果市場不接受，就是最大的失敗。

很多大學生畢業之後找不到工作，已經成為事實。這不是因為社會上的人才已經達到飽和，而是許多家公司找不到自己需要的人。一方面是大學生急需工作，另一方面是公司急需人才，但是兩者卻很難吻合。

仔細分析，有以下幾個原因，導致這種矛盾產生：

一、學校教給學生的知識與社會的需要，有一定的差異。已經畢業的學生回饋給新生的資訊是，大學學的知識根本沒有用，使在學學生對學校產生懷疑，對自己的努力失去信心。

二、學生依然死板的接受教育，嚴重缺乏再思考的能力。好學生雖然在學校學了不少東西，成績也很優秀，但是這些都是靜態的知識，他們不能在課本知識的基礎上，發揮自己的想像力和創造力。社會需要的是動態的、創新的能力。

三、由於學生在小學、中學對學習興趣的嚴重透支，就會在沒有硬性規定的大學裡，對學習產生抵觸、厭倦的情緒，失去學習的熱情。為了考試，不得不以應付的態度去學習，對知識缺乏好奇心。他們的好奇心，已經集中在談戀愛、網路遊戲、放縱人生之上。

這三點，年輕人在大學裡處理得是否妥善，就會拉開他們人生的距離。在小學和中學，每一個學生都有目標，都知道自己為了實現目標，應該做什麼。在大學，學生們沒有明確的目標，不知道如何更紮實、更巧妙的接受新知識；如何在新知識的基礎上，再帶有研究性質的學習。

東、西方在面試新員工的時候，反差很大。

在西方，面試的時候，每一個來面試的人都會不停的問問題。他們所問的有關公司的問題，都超乎面試者的想像，面試者很好奇他們怎麼可以想到那麼多的問題。但是，遇到這樣的人，是使面試者興奮的。會問問題的人，就是會思考的人，是有新想法的人。

在東方，面試的時候，是面試者不停的問問題，問一句答一句，不問就不答。來面試的人好像對什麼事都不關心，對什麼事都沒有反應。即使回答一個問題，也是想半天才說，害怕自己回答錯了。沒有自信心、沒有好奇心、缺乏想像力的人，很難成為創造型員工。

如果把人生當作一次比賽，把孩子比作參加比賽的運動員，小學和中學，是基本功的訓練，大學是比賽技巧、能力的訓練，在公司的培訓是賽前調整和準備。一旦一個年輕人正式走上自己的職務，比賽就是真正開始。

在這裡所說的基本功，不是基礎知識，而是對高尚的人品、健全的人格、責任意識、心理素質、抗壓能力的塑造，這些都是我們上大學之前形成的。沒有這些，無論一個人的學歷有多高、本事有多大，都不會成為一個好員工，更不會成為一個好老闆。

以微軟為例，它的文化就是不斷的自我超越、自我否定，不斷的調整、更新。這就要求微軟員工的團隊合作能力、溝通能力都要非常出色，因為微軟不是某一個人的微軟。所以，想要成為微軟的員工，就要有可以贏得大家信任、支持和尊重的品格，還要有不斷創新的意識，敢於探索、敢於冒險和敢於否定的精神。

任何一個公司，對新人的耐心都是非常有限的，都不會給一個新人過多的調整、適應時間。在大學裡，我們不把自己塑造成公司需要的人，公司就不會接受我們。

所以，年輕人在大學裡，就要做到提前加速、衝刺的準備。誰準備得越充份，誰就有可能跑在最前面。

不僅要學習，還要會學習

我們從出生的那一天開始，就已經開始學習，學習生存的基本技能——為了可以自己過生活；長大後學知識、技術——為了成為可以服務社會的人。

我們存在的價值和意義，就在於是否可以給社會提供服務，可以服務多少人。社會需要的服務是不斷變化的，對我們的服務總是會有新的要求、標準，這就迫使我們不斷的學習、研究和探索，否則，我們無法服務社會。

我們一生都離不開學習，無論我們是誰，無論我們做什麼，只要我們不想成為社會的寄生蟲，不想被時代拋棄。

作為年輕人，學習是生活的重要內容，需要每天學習。但是，並不是每個人都可以認識到學習的重要性，以至於不知道學什麼、怎麼學，然後就是什麼都不學。這樣的人，一旦選擇放棄學習，就不可能取得任何突破。

有些人活了八十歲，其實他在二十五歲的時候就已經被埋葬；有些人活了六十歲，他的生命卻延續在整個人類發展的歷史之中。前者的人多，多到無法計算；後者的人少，少到屈指可數。

讓我們的生命延續在整個人類發展的歷史之中，難度非常大，成功機率幾乎為零。我們要是可以在自己的有生之年，盡自己最大的能力，服務更多的人，就已經值得同一時代的人仰慕。

在二十五歲就把自己埋葬，有這樣的事嗎？我們不都是好好的活在世上嗎？仔細想想，我們大學畢業之後，可能會從事一份工作，每天像機器一樣，做著簡單而重複的工作，不思進取和改變，被生活推著向前走得步履蹣跚，甚至需要別人救濟。這樣的工作，即使做了一輩子，又有什麼意義？活到八十歲與活到二十五歲，又有什麼差別？

最重要的是，社會不會一成不變，新陳代謝是必然的規律。人作為社會上最小的單位，一旦成為社會進步的包袱，就會被社會無情的淘汰。所以，作為年輕人，只有不斷學習，每天都把昨天的自己淘汰，才可以保證自己不被時代淘汰。

年輕人，最大的弱點就是總是被動的學習。學習是因為別人的需要，而不是自己的需要。讀書是為了考大學的需要，讀大學是為了拿到畢業證書的需要，上班是為了老闆的需要。

要知道，這些需要都是非常低的，也都是有限度的。考上再好的大學，都有學科的範圍和最低錄取分數；拿到畢業證書，只要讓所修的學分及格就可以，沒有人會問我們到底掌握什麼知識。老闆給我們一個工作，就是為了讓我們解決這個工作上的問題，需要的知識也是有限的。

但是，社會的需要、個人成功的需要是無限度的，沒有最高，只有更高。我們掌握的知識，永遠無法滿足社會發展的需要，一個人想要更成功，盡全力的滿足社會的需要，就要終生學習，學習各方面的知識，使自己成為全能的戰士。

遺憾的是，我們生活在一個充滿誘惑並且異常浮躁的社會。很多年輕人不知道自己的將來在哪裡，自己將來可以成為什麼樣的人，偏偏我們的控制力又很差。這個時候，我們很容易迷失，很容易把時間和精力用在對現在、將來都毫無用處的地方。

讀大學究竟要學什麼，成為很多年輕人的疑問。其實，在大學裡，我們學會「會學習」就可以。大學學的專業知識，也許我們一輩子都用不到，但是會學習卻會讓我們受用終生。

什麼是會學習呢？就是在學習中要分清主次，找到知識的關鍵點。一本書的內容，也符合二〇／八〇定律，二〇％是重要的內容，八〇％是輔助性的內容。我們要用八〇％的精力，閱讀二〇％的重要內容，並且學精、學透。

會學習的人，是帶著思考和研究的態度學習的。在學習過程中，始終保持發散性網狀思維，把書上講到的知識與現實生活的用處，瞬間結合，並且考慮怎麼用，用在什麼地方。

會學習和會做人一樣，不能急功近利。在比爾·蓋茲讀中學的時候，當時美國法律系非常熱門，律師是社會地位崇高、收入非常優渥的職業。比爾·蓋茲也選擇哈佛大學的法律系，但是一年之後，他放棄了。

並不是所有的年輕人都像他們一樣，在面對學什麼的時候，有那麼高的預見性。但是，只要我們喜歡學習、會學習，就有可能彌補當初選擇上的錯誤。

不要說大學時間不夠用，如果我們把在大學一天裡做的事情全部列出來，就會發現，最起碼有四個小時用在對現在、將來都沒有用的事情上。每天好好利用這四個小時，會讀書的人多修一、兩個專業應該不成問題。

二十一世紀，是全世界的人都來和我們競爭的世紀。所以，我們不能成為一個專才，而是要做一個博學的全能戰士，趁著年輕，瞭解更多的不同領域、不同行業，多方涉獵，成為一專多能的複合性人才，才可以找到更好的成長平台，把握更好的發展機會。

老師和老闆的差別

在這個世界上，除了父母以外，對我們的人生影響最大的有兩個人，一是老師，二是老闆。我們都渴望今生遇到智慧博學的老師、開明大度的老闆，從他們身上學到自己終生受益的知識與能力。

我們讀書的時候，拼死拼活的想考上一流大學，但是那個時候我們不一定真正知道一流大學為什麼是一流大學，只是覺得考上一流大學是自己的需要、父母的需要。至於自己在一流大學裡是不是可以成為一流的人，那是很遙遠的事，畢業之後再想也不遲。

每一個年輕人，都希望可以考上一流大學。理由很簡單，考上一流大學是一件很光榮的事情，父母光榮，自己光榮，在朋友面前很有面子。再來，一流大學畢業的學生，是一流人才的代表，是智商、智力、能力的證明，畢業以後可以進入上市公司，領到高薪水。

想一想，我們當初是不是僅僅為了這個，才去拼盡全力爭取一流大學有限的錄取名額？一流大學與普通大學的差別在什麼地方呢？硬體條件、實驗設備是一方面，主要還是教授素質、見識、境界、學術造詣的差距。

但是，許多年輕人在一流大學裡，期待的只是一張一流大學的文憑，卻忽略身邊那些名師講的專業知識以外的東西，甚至還覺得他們不過如此，認為他們都是紙上談兵，覺得他們還不如社會上那些大企業家、大老闆值得學習。儘管老師們苦口婆心的教導、用心良苦的引導，真正在意的學生會有幾個？

老師是世界上最無私、最偉大的人，也是最渴望學生超越自己的人。他把自己掌握的知識、人生的見識、做人的常識、對社會的認識，毫不保留的告訴自己的學生，希望學生記在心裡，用在實處。

遺憾的是，作為學生的我們，從來沒有以一種感恩的心態去對待，反而覺得老師的要求多此一舉，老師的嘮叨是一種折磨，希望老師對自己不管不問，自己想做什麼就做什麼，反正學這些東西不一定有用，自己也不想做學術工作者。

但是，只要問一問工作過的人，他們都後悔在大學裡沒有多學一些東西，哪怕多學一點與自己專業無關的東西，多看一點書也好。因為，只有遇到老闆，才會真正的認識老師、瞭解老師。

事實告訴我們，只有在事業上取得一定的成功，我們才會知道成功需要什麼。只有看到老闆的臉色、對我們的要求，才會想起老師對我們的要求有多麼的友善、正確。老師過多的要求我們，是為了我們可以更好的滿足老闆的要求。

在學校裡，我們之所以埋怨老師嚴厲，是因為我們不知道：離開老師，會遇到老闆。老師再嚴厲，大學期間只會面對四年，但是我們很有可能要面對老闆一輩子。再嚴厲的老師，對我們只有一個要求——好好學習——為了我們自己，老闆卻會對我們提出許多要求，只有我們想不到的，沒有他想不到的。

老師和老闆都會管我們，但是管的方式和目的不一樣。老師管理學生，目的很單純，就是讓我們好好學習，學好應該學的東西。傳道解惑，是老師的本職工作。管理學生，是老師覺得應該做的事情，與老師的利益沒有關係。

老師會要求我們去做什麼，例如：不許曠課、上課認真聽講，也會給我們分配作業，要我們按時完成。如果我們曠課、上課不認真，作業沒有完成，老師也拿我們沒辦法。考試不及格，還可以補考、重修。

在大學，老師管我們是良心，不管我們是本份。我們學習的好壞，絕對沒有他的研究經費、發表論文、評定職稱重要。上課，只是他的一種工作——不一定要為結果負責的工作。

很多大學生談論自己老師的時候，都會因為老師管理鬆散、要求不嚴格而眉飛色舞。然後，心安理得的降低對自己的要求，隨心所欲的像社會上的年輕人一樣活著。對於考試，抱著分數不在高低，及格就可以；學習不在好壞，畢業就可以的態度。

我們離開老師很容易，但是離開老闆卻很難，除非我們自己當老闆。不是每個人都可以當老闆，更不是每一個人都可以當好老闆。當員工的人，還是大多數。

老闆和老師只有一字之差，但是對我們的態度和要求卻不一樣。老師只要我們的分數超過最低錄取分數，老師就會錄取我們，但是老闆絕對不會因為我們有大學文憑，就允許我們進入他的公司。考試，只考知識；面試，卻要考知識、能力、素質和潛力。

老闆一定會管我們，管的辦法還有許多種，好的老闆對我們又管又理，壞的老闆對我們只管不理。總之，就是用最少的薪水，讓我們奉獻最大的價值。我們在公司所做的一切，老闆沒有不在乎的。

只要我們進入公司，服從老闆是第一要義。嚴格遵守公司的規章制度，認真履行自己職務的職責，不講任何條件的完成任務，自動自發的工作。如果我們做不到這些，就會為此付出代價，輕則扣薪水，重則被開除，絕不含糊。

在很多公司裡，都有績效考核，使我們的收入和成績有直接影響。也就是說，我們在公司裡拿走的每一分錢，都是我們透過公司這個平台自己賺來的。如果有一天，我們不能為公司帶來利潤，我們在老闆的眼裡，就是失去存在的價值。

老闆之所以這樣要求我們，是因為我們所做的一切，直接關係到老闆的切身利益。如果他縱容我們，市場就會懲罰他們。

如果我們在老師的眼裡，是一個可以犯錯的孩子，我們不瞭解老師，老師也可以瞭解我們。在老闆的眼裡，我們就是一個隨時準備犧牲的戰士。我們不能幫助他解決問題，他就會解決我們。

老師比我們更深刻的瞭解老闆，所以他們在學校裡會要求我們學什麼樣的知識，做什麼樣的人。越是嚴厲的老師，就是責任感越強的老師。對這樣的老師，我們應該尊重、感恩。在學校裡，我們對老師不尊重；到公司裡，老闆就會對我們不尊重。

像上班一樣去上學

上班和上學有什麼差別？這絕不僅僅是大人要上班、孩子要上學那麼簡單。

上班是到公司裡工作，目的是為了賺錢，不賺錢絕對不能做。即使暫時不賺錢也要做的工作，也是為了將來可以賺更多的錢；上學是去學校裡學習，目的是學到將來工作需要的知識，擁有更多的知識，能力就有可能更強。當然，上學要交學費給學校。但是，在學校裡即使學不到知識，也有人會去，雖然名義上是為了學習知識。

上班，面對的是老闆和同事。老闆讓我們上班，就是讓我們為他解決問題和麻煩，或是代替他為客戶提供服務。這樣的事情我們可能不願意做，或是沒有興趣做，可是我們一旦選擇上班，就必須做好，這是作為員工的使命和責任。

在公司裡，我們無法把工作做好，就會遭到嚴厲的懲罰。例如：不能遲到早退，對自己職責之內的事情必須全力以赴。所以，在老闆沒有強迫的情況下，我們依然努力學習、努力工作，主動掌握更多的技能，不斷提高自己做事的效率，儘量縮短從入職到優秀、從優秀到卓越的距離。

上學，特別是上大學，面對的是教授和同學。教授不會再像小學、中學老師那樣強迫我們去學習、考試和研究，甚至對我們能不能順利完成學業，也不是很關心，一切要靠我們自己去認識、把握。

在大學裡讀書，大部份的時間要靠我們自學。即使曠課、蹺課，也不會有什麼損失。必修課我們究竟掌握多少，只要考試及格，沒有人過問。正因為在大學沒有嚴格的監督、審查和檢驗制度，很多年輕人就會放縱自己，花掉父母的血汗錢，卻什麼都沒有學到。

很多大學生不喜歡學習、不知道學習，原因有很多。其中最重要的，還是因為年輕人不知道學那些東西有什麼用，將來會不會用得到，似乎只要可以拿到學位，整個大學就算是完成任務。是的，找工作需要學歷證書，但是老闆開除一個人，卻從來不會考慮他的學歷有多高，只要老闆不滿意就夠了。

再者，就是年輕人沒有危機感，根本不關心社會發生什麼變化，總是覺得那些離自己很遙遠，理直氣壯的活在當下，按照自己的想法去對待每一天。父母、老師給我們提出一些對將來很有價值的忠告，也覺得很厭煩。

是的，父母、老師有時候讓我們很厭煩。不過，過不了幾年，這樣的年輕人就會成為父母的麻煩、社會的麻煩。讀了大學一無是用、一無是處，才是真正的麻煩。在大學裡享受四年，將來就要用四十年為此負責，這不是我們煩不煩的事情。

我們在大學的主要任務是學習和研究，掌握盡可能多的知識，使自己的知識更豐富、學識更高深、對專業研究更透徹，分析能力更強大。我們不知道大學畢業以後可以做什麼沒關係，但是一定要知道自己想成為什麼樣的人，並且為此好好利用大學期間的每一天。

這個世界上，什麼人最懂得成功？是已經非常成功的人；什麼人最明白知識的重要性？是已經小有成就、並且有很大發展空間的人。

在大學裡，可不可以學到知識，可不可以為將來的事業發展，打下良好的基礎，取決於我們用什麼態度去上學。

我們要以什麼態度去上學呢？很簡單，以到公司上班的態度去上學。

如果我們在一家公司工作四年，老闆不給我們任何薪水，只給我們一張在這家公司工作過的證明，我們做不做？一定不做。反過來想，上大學呢？如果讀了四年大學，我們什麼都沒有學到，只混了一張大學文憑，還值得高興嗎？工作一天沒有收入，我們都會鬱悶，上學一天沒有學到新知識，為什麼不會難過呢？

工作沒有薪水，可以理直氣壯的質問老闆，把那種行為解釋為對自己負責。那麼，上學沒有學到新知識，為什麼沒有勇氣質問老師？為什麼沒有為自己負責的行為？

中國有一句俗話：「少壯不努力，老大徒傷悲。」上學的時候，我們不能像上班一樣對待，對自己每一天有沒有收穫都不計較，那不是一種寬恕，而是一種懲罰。只是這種懲罰，會在將來的某一天出現。

法國牧師納德·蘭塞姆去世以後，就讓人在他的墓碑上刻上一句話，作為墓誌銘：「如果時光可以倒流，世界上將有一半的人，可以成為偉人。」我們可以對這句話做這樣的解讀：如果每個人都可以把反省提前幾十年，就有五〇％的人可能讓自己成為了不起的人。

我們可以成為偉大的人，也可以成為了不起的人，條件是：應該做什麼的時候，必須做什麼。把人生每一個階段的任務，做得比別人好。不是在人生的終點，把自己的反省刻在自己的墓碑上。

試想一下，如果我們能以到競爭非常激烈、對效率要求非常嚴格的公司上班的態度對待上學，結果會怎麼樣呢？

在這樣的公司裡，我們每天都會接受不同的任務。那個時候，我們是不是不會找任何藉口，充份利用自己的聰明才智，合理科學的安排時間，主次分明的逐漸進行？在上班時間內不能完成，也會主動加班，直到工作圓滿完成為止。

我們能以這樣的態度去上學，每一天的收穫又會如何呢？恐怕同時修幾個學分都沒有問題吧？態度決定一切，我們以什麼樣的態度對待學習，就會有什麼樣的收穫。

生活，就是一個任務疊著一個任務。一個任務無法很好的完成，就會拖累我們一生。特別是在上大學的時候，更應該清楚自己現階段的任務，清楚自己應該如何完成那些任務。

Counsel 5

Flipping burgers is not beneath your dignity. Your grandparents had a different word for burger flipping; they called it "opportunity".

烙牛肉餅並不有損你的尊嚴。你的祖父母對烙牛肉餅可有不同的定義；他們稱它為「機會」。

人，首先是活給自己的

現在這一代的年輕人智商都很高，普遍都接受過很好的教育（特殊的地區除外），在大學裡非常有想法，覺得自己一定會有所作為。但是，他們到了社會上，發現一切都與他們當初的想法相差甚遠。他們自以為熟悉的一切，都變得陌生，讓這些充滿激情的年輕人，四顧茫然。

曾經不把任何人放在眼裡的他們，似乎又開始對一切很在乎，在乎別人看自己的每一個眼神，思考每個人評論自己的每一句話。於是，他們下定決心，今生一定要發大財，成大事，成為人上人。

殘酷的現實，一點一點的冰凍他們的心。在一次次的無故拒絕之後，他們開始懷疑自己，懷疑社會。為了提醒別人注意自己的存在，他們用不堪一擊的自信，包裹極度脆弱的自卑；用個性的張揚，拯救別人的視若無睹。

任何成熟的人與這些年輕人接觸，就會感覺到，他們活得很迷茫、困惑。讓他們最困惑的事情是，不知道自己會做什麼，可以做什麼。

社會上有很多他們可以做的工作，卻是他們不想做的。在他們的心目中，只有進入上市的大公司，在環境幽雅的辦公室裡，清閒的處理輕鬆的工作，公司管理人性化，同事友善寬容，待遇福利豐厚，才算是人待的地方，才算是人做的工作。

他們為什麼會有這樣的要求？是因為在小時候，他們就接受這樣的教育，即使是生活在社會最底層的父母，也會告訴他們：「勞心者治人，勞力者治於人。」腦力勞動者永遠優於體力勞動者，金領優於白領，白領優於藍領。這樣畸形的論調，導致很多窮苦出身的孩子，瞧不起供養自己的父母，提到父母羞於啟齒。不是因為父母做人有多差，而是他們的工作有多差、社會地位有多差。

經濟的快速發展，社會格局的不斷演變，生活節奏的一快再快，使人們似乎忘記生活的本真、生命的本相，每個人都像追求名利的機器，永不停歇的快速運轉，使浮躁的社會更浮躁，好像一個人不擁有八位數以上的財富就算失敗，不擁有家喻戶曉的知名度就不算成功。

成功，被年輕人掛在嘴邊。他們看在大學時不屑一顧的成功學作品，一心想找賺大錢的工作，希望一覺醒來，自己就可以擁有名車、豪宅、數以億計的財富、讓人景仰的身價和身份。因為那樣才算是成功人士，才算是沒有白活。

仔細想想，他們樹立這樣的人生目標，選擇這樣的成功之路，純粹是為了自己嗎？絕對不是，他們是為別人眼裡的自己，為了別人的評論才這樣做。為此，他們透支生命，向現實妥協，做人、做事沒有原則。他們甚至為了名利，背叛和出賣一切事物。

成功這個詞語，已經快要把現在的年輕人搞瘋了。這是因為成功學大師們把成功一元化、具體化、功利化，他們只把賺大錢、發大財、出大名看作是唯一的成功標準。

他們為了所謂的成功，做事只做賺大錢的事，抱著寧缺毋濫的執著，像鴕鳥一樣行走於職場。大公司想進進不去，小公司能進不想進；大事不能做，小事不屑做。這些做夢都想著成功的人，並不知道什麼是真正的成功。他們不知道為了真正的成功，現在應該做什麼事；不知道想做的事和能做的事之間，到底有多大的距離。

成功是多元化的，根本沒有具體的定義，因為每個人都是獨立的生命個體，都有獨屬於自己的追求目標，這些不能由社會、時代、他人的定義、評判而改變。每個人，只要是做真實的自己、快樂的自己、最好的自己，找到自己存在的意義和價值，就是成功。

不能否認，這個時代很功利、很殘酷、很瘋狂，每個人都變成追求金錢的動物。為此，我們就要接受這種名利的觀點，成為一台追求名利的機器嗎？當然，名利對一個人很重要，但是它應該是一個人奮鬥後的獎賞，而不是一個人奮鬥前的目標。

不管做什麼，想要成功、成名、成為讓人羨慕的有錢人，最起碼要符合兩個條件：一是做自己喜歡做的事；二是不能做什麼事，都是為了錢。符合這兩個條件的人，不一定可以成為富翁，但是想要成為富翁，必須具備這兩個條件。

還有一點就是：**錢，並不是想賺就可以賺來的。錢，是正確的做事和做正確的事之後的回報，只靠想像是沒有用的。**

賺錢的目的是什麼？是更好的服務他人，還是讓別人嫉妒、羨慕？如果是後者，即使賺到錢，也不會有人羨慕，自己也不會有成功的感覺。有錢和成功是不同的概念，生命的本質——快樂，也和錢無關。

在美國歷史上，有錢、有地位的人很多，但是可以讓美國人尊重的人並不多。在為數不多的人之中，就有一位普通的郵差，名叫佛雷德——一個送信、送報紙的人，一個只有很少薪水的人。他之所以偉大，是因為他用自己普通的工作，贏得他服務過的人真摯的感激。記住，是感激，不是滿意。

佛雷德從未感覺郵差的工作是卑微的工作，也沒有覺得收入無法滿足自己的生活需要。他真心的喜歡這份工作，把工作中的每一個細節都做到極致。在他服務範圍內的人，都把他當作生活中不可缺少的一部份。對他的工作，都以一種尊重的態度對待。他每一天工作著，快樂著，並且把快樂傳染給身邊的每一個人。

到現在，人們還會讚美佛雷德。我們要花多少錢，才可以買到歷史的記憶和人類的敬仰呢？恐怕很困難。

世界上，根本沒有卑微的工作。任何工作，都是服務於社會的一部份，都是人們不可或缺的。所以，每一份工作，都值得人們尊重。

美國前國務卿季辛吉講過一句話，他說：「一個人或是一個國家追求一個目標，沒有達到的時候，也許是一個悲劇。但是這個國家和這個人，達到自己追求的目標，卻發現自己追求的目標，不是自己想要的目標，它的實現並沒有給自己帶來快樂，可能是一個更大的悲劇。」

很多年輕人都以各種各樣的方式，去追求財富。他們覺得，擁有的財富越多，才可以證明自己的能力越強、地位越高。有些人得到財富，有些人沒有得到財富，但是結果都一樣——變得很不快樂。

得到財富的人，發現自己並沒有因為擁有名車、豪宅、美人而改變什麼，財富的力量絕對沒有開始想像得那麼大——只是以一個數字的形式存在著，並沒有使自己與別人有什麼差別，失去的比得到的似乎更值得懷念。

人活著，就要做自己喜歡的工作，就要做可以讓自己真正快樂的事情，就要和自己喜歡、尊重的人在一起。我們不能因為別人的定位、評論，刻意改變自己的追求。在錯誤的道路上，越走越遠。

人活著，就要經常聽聽自己內心深處的聲音。做什麼事情，都要對自己忠誠。人，要活給自己，服務別人。

豎一個自己可以跨越的高度

美國某家人才網站，針對現在大學生的就業態度，做過一次問卷調查，主題是：剛畢業的年輕人，要找什麼樣的工作。值得欣慰的是，現在的美國年輕人都很現實，八〇%的畢業新鮮人都認為，「首先要有工作可以做」、「找工作就是找自己現在可以做的、並且可以做得好的工作」。

美國年輕人這樣做，不是他們沒有目標，而是務實。現在美國的經濟不景氣，大公司在只接受高級人才的同時，對一般員工紛紛裁員。中小公司因為成本關係，沒有建立有系統的培訓機制，不願意接受一無經驗、二無人脈、上班後不能立即給公司帶來效益的大學畢業生。

在殘酷的就業形勢下，以往對就業十分挑剔的美國大學生，不得不採取這種非常現實的態度：先就業，後擇業。他們這樣做，不等於這一代的年輕人向社會妥協，放棄自己的追求，甘心在社會底層隨波漂流，而是他們正確的認為，理想應該有，但是要從現實做起。成功的道路，要靠心去思考，靠腳去丈量。

作為一無所有的職場新人，只有不放棄任何一個使自己成長的機會，才可以慢慢的豐富自己的資歷和經驗。

因此，只要是和自己目標有關的公司，無論公司的規模大小、薪水多少，即使在偏遠的地方也要去。因為，這樣可以使自己空白的履歷多一項記錄，為以後進入自己理想的公司多一個籌碼。

二十一歲的摩根・布希，二〇〇七年畢業於北卡羅萊納州立大學法學系，並且以優異的成績拿到法學學士學位。照理說，他畢業以後，應該找一份與自己所學專業相關的工作，例如：去法院、律師事務所工作。可是，二〇〇七年，美國法律院校的畢業生人數比上一年增長一〇%，像律師事務所、法院這樣的工作，人員趨於飽和。即使招聘人員，也傾向於有工作經驗的員工。

摩根・布希在網路上發出數十封履歷，都沒有得到回覆。在人才網站寄出許多封履歷，卻很少有公司請他去面試。即使有，也是不超過十分鐘就委婉的拒絕他。數次求職失利之後，摩根・布希幡然醒悟，自己之所以處處失敗，是因為自己給自己豎立一個現在無法跨越的高度——憑他現在的資歷，根本不可能跨越在法律界就業的高度。

他現在要做的，不是找一份理想的工作，而是要解決生計問題。至於興趣和理想、心儀的工作和公司，暫時擱置一邊，只要不放棄就可以。只要自己隨時準備好，總有一天可以實現理想。

於是，摩根・布希坦然的接受到法國一家學校教英語的工作，月薪一千美金。他利用工作之餘，學習法國的法律，義務為當地人提供法律援助，到當地的一家律師事務所做臨時工……幾年之後，他回到美國，依靠對法國的法律、法院、律師界的熟悉，一家涉外律師事務所聘用他，負責美國人在法國的法律服務。

這有一點像奧運會田徑比賽中的跳高。如果在奧運會上奪得冠軍的高度為二・五公尺，但是我們現在可以跳過的高度只有二公尺。在訓練中，我們是先跳過二・〇一公尺的高度，還是直接把高度定在二・五公尺？一定是前者。

一個人，二十歲可以做什麼，二十五歲可以做什麼，三十歲可以做什麼，四十歲可以做什麼，只要他不放棄學習，不斷的追求，二十年的變化是非常大的。二十歲的時候，也許只能做一家小公司的員工，月薪只有一千美金；等他到了四十歲，他也許是一家跨國公司的CEO，年薪一百萬美金。

二十歲的人，不可能跨越四十歲的事業高度，這是必然的。但是，如果他無法跨越二十歲、二十五歲、三十歲的高度，也不可能有四十歲的高度。

跨越一次自己從未跨越的高度，收穫的不僅僅是一個高度。他會得到技巧、經驗、自信、認識和境界。這些成功的經歷，是我們跨越事業新高度的基礎。

如果為自己豎立一個非常高的高度，希望自己可以僥倖的跨越，這樣不但不可能跨越，而且對自信心是一個極大的損害，對自己的選擇也會產生懷疑。沒有自信心、對自己的選擇產生懷疑的人，是不能期待他有什麼突破的。

任何人、任何團隊的大成功，都是由一個個小成功匯聚而成。可以說，沒有小的成功，就不可能取得大的成功。

小的進步、成功，並不是微不足道、可有可無。如果把大成功比作是金字塔尖的那塊石頭，小成功就是從金字塔地基開始到塔尖的每一塊石頭。沒有這些石頭的堆積，塔尖的那塊石頭就無法存在。

微軟從一九七五年只有二個人的小公司，也是經過三十多年的發展，才成為擁有八萬多名的員工、產品和業務遍佈全球、年收入達四百億美金、資訊業影響力和領導力第一位、品牌知名度在全球排第二位、現金存款和股票價值世界第一位的跨國大企業。

對於微軟來說，這三十多年，每一年都有自己的正確高度。只要在這一年中跨越自己確定的高度，就算是完美，就算是成功。如果微軟一開始就要擁有八萬多名的員工，不是開發 MS-DOS ，而是直接開發 Windows Vista，它一天都活不下去，就不可能有今天的微軟。

做企業和做人是一樣的，沒有人可以一下子就坐到他的人生中最理想的位置。一個人心目中的位置和腳下的位置，一定是有距離的。腳下的位置是現實的，心目中的位置是未來的，我們要確定它們之間有多大的距離，跨越這個距離需要什麼條件，如何做才可以一一滿足這些條件，然後一步一步的做準備。

每個人的能力是一點一點形成的，經驗也是透過解決很多問題得到的，人脈也是透過與人多次交往、合作建立的，資金也是一元一元賺來的。

這些成功的要素，沒有一個可以一夜形成、一蹴而就。我們不具備這些成功要素之前，冷靜、耐心、堅持、奮鬥還是一個都不能少的。

成功是一個高度，我們可以跨越，才是真正的成功。**我們現在可以跨越多高沒關係，最重要的是，每天可以讓自己跨越的高度提高一公釐。**

珍惜別人給的每一次機會

哲人說：「機會在於發現，在於創造。」這句話有一定的道理，但是要看在什麼時候。可以發現機會和創造機會，需要條件和實力，不是一般人都可以做到。

對一個人來說是機會，對另一個人來說也許就不是機會。即使對有同一目標、同一夢想的人，也有可不可以把握的問題。

舉一個簡單的例子，二〇〇七年全球股市大漲，漲到傻子買股票都會賺錢的程度，這是一個賺錢的好機會。如果一個人沒有錢，也借不到錢，就無法買股票。這個機會對他來說，就不能成為機會，即使他發現了。

年輕人沒有機會，是不可能成功的。每個人、每個公司的成功，都離不開機會，微軟也是一樣。如果沒有ＩＴ業的迅速發展、個人電腦的廣泛應用、網路成為人們生活中重要的一部份，就不會有微軟今天的輝煌。看來，機會這個東西，首先要看把握。可以把握就是機會，無法把握就不是機會。

只要研究所有成功人士的發展軌跡就會看出，這些人在開始的時候，都是很好的把握別人提供的機會，使自己在某一個行業站穩腳步。之後再確立在那個行業裡的發展目標，為實現目標做積極、充份的準備，累積經驗和實力。一旦時機成熟，快速、準確的把握機會，就可以實現自己的夢想。

由此看來，年輕人開始走向社會、自己實力弱小的時候，就不得不靠別人提供機會。奧運會一百公尺短跑冠軍是跑步最快的人，但是在他蹣跚學步的時候，同樣需要父母的教導與幫助。

剛走出校門的年輕人，在事業上就像蹣跚學步的孩子，工作經驗、社會實踐、行業人脈都是零。他們需要別人提供學習、實踐的平台，這個平台對他們來說，就是一個機會。遺憾的是，很多年輕人並沒有認識到這一點。

在年輕人的心目中，只有發大財、賺大錢的機會，才可以稱為機會，否則就不是。他們把工作分成許多等級，有前途、有高薪的工作爭搶著做；有前途、沒高薪的工作矇混著做；有高薪、沒前途的工作湊合著做；沒高薪、沒前途的工作絕對不做。

對於剛畢業的年輕人，如果在學校裡沒有取得優異的成績，只拿到學士或是碩士學位的人，想要領到高薪，基本上沒有希望。因為文憑和學位，無法解決市場和客戶的任何問題。也沒有聽過哪一家公司因為雇用的全部是擁有博士學位的人，公司的股票就猛漲不止。

年輕人找工作，很多時候是顧及同學、朋友的評論。一旦自己找到地位不高、薪水不高的工作，會覺得沒有面子，在同學、朋友面前抬不起頭。

公司對應聘的員工很挑剔，年輕人對工作也很挑剔，最後吃虧的只會是年輕人。公司再挑剔，也會找到適合的人。年輕人如果一直挑剔，一輩子都找不到適合的工作。

其實，年輕人並不明白，任何一個工作都可能是我們成功的機會，就看做到什麼程度。所以，我們不知道自己適合做什麼之前，最好珍惜別人提供的任何機會。無論這個機會我們喜歡不喜歡，值得不值得做，都應該全力以赴。即使做不好，也要讓給我們機會的人看到，我們是一個充滿激情、對什麼事都是認真負責的人。

現在可以為別人提供機會的人，一般都不會有很大的耐心。

因為這樣的人，一是時間寶貴，二是工作繁忙，三是精力有限，不可能像老師一樣，把培養我們當成自己的責任和義務。我們珍惜並且把握他給的機會，他才會給我們更大的機會，否則他就會把我們看作是不可雕塑的朽木。

傑克是美國一家出版公司的著名編輯、社科類暢銷書作家，他策劃過很多銷量在一百萬冊以上的圖書，也把很多沒有名氣的作者，培養成為暢銷書作家。因此，很多想成為暢銷書作家的文學愛好者，都渴望得到傑克的指點。

社科類暢銷書與文學類暢銷書不同。社科類暢銷書對讀者群要有準確的定位，提供讀者最需要的指導，所以有一定的針對性和時效性。因此，社科類暢銷書的策劃是關鍵。

美國很多夢想成為社科類暢銷書作家的年輕人，他們想盡一切辦法接觸傑克，哪怕讓他提醒自己幾句，都會對社科類圖書有一個新的認識。如果傑克心情好，說不定會隨手給他們一個選題，讓他們試著寫一寫。傑克策劃的選題，只要不要寫得太離譜，保證文字流暢，出版一定沒有問題。

作為編輯，傑克對年輕、有潛力的作者一直很關心，儘管他們的作品還不是很成熟。他也是這樣過來的。他年輕的時候，寫了一部作品，送給一個著名的老編輯看。老編輯看過之後，把他的作品批評得一文不值，指出作品中很多的不足。他的言辭很犀利，根本不顧及傑克的面子。

傑克回去以後，按照老編輯的意見，把自己的作品修改三遍，又寄給老編輯。老編輯在心裡一直認為，傑克不適合從事創作。等到他再次收到傑克修改過的稿子以後，他卻改變自己的想法，因為他對作品的要求，完全被傑克在作品中表現出來，使他很感動。那天，他的心情不好，對傑克實在太刻薄了。

後來，傑克的這部作品，在老編輯的悉心指導下，修改了十五次，最後出版，並且成為當年的暢銷書。正因為自己有這樣的經歷，他對年輕人的作品都非常細心的審讀，不想放過任何一個有潛力的作者。

有一個叫史蒂夫的年輕人，讀過傑克的著作，也看過他策劃、編輯的書，對他非常崇拜，就直接找到傑克，想跟傑克學習社科類圖書創作。

那個時候，傑克正在接待一個作家，就拿出一篇文章交給史蒂夫，說：「這是一個作者的投稿，請你仔細看一下，把裡面的錯字挑出來，改成你認為是正確的。」

史蒂夫一聽，很生氣，心想：我的夢想是做一名暢銷書作家，不是挑錯字的校對員。於是，他很草率的把稿子看一遍。

傑克回來以後，問史蒂夫把稿子看得如何。史蒂夫說：「我認真看過了，裡面沒有什麼錯誤。」他認為，只要交給傑克看的稿子，應該都是作者校對過的稿子，不可能有錯誤。再說，自己是來請教傑克如何寫暢銷書，可不可以看出錯字，並不重要。

其實，那是傑克自己寫的稿子。寫完以後，還沒有認真的修改和校對。傑克坐下來認真的看了一遍稿子，發現裡面還有很多錯誤，只要是上過中學的人都可以看出來。他給史蒂夫一個小時的時間，居然什麼都沒有看出來。這絕對不是史蒂夫的能力問題，而是對待這件事的態度問題。

傑克委婉的對史蒂夫說：「真的很遺憾，我不能幫助你實現你的夢想。因為社科類圖書，主要是指導別人如何做人和做事。作為社科類圖書的優秀作者，前提是自己必須要知道應該如何做人和做事。我想，你可以離開了。」

史蒂夫聽了，非常生氣，說：「你不是也從沒有名氣到很有名氣嗎？連問我寫過什麼都不問，就這樣武斷的說我不適合，憑什麼？還說我連做人和做事的道理都不懂。你像我這麼大的時候，就什麼都懂嗎？大家都說你是文學青年的伯樂，我看你簡直就是文學青年的殺手！」

傑克微笑著說：「你這樣說，更證明我的判斷沒有錯！年輕人，我送你一句話。既然自己有夢想，就應該珍惜別人為你提供的每一個機會，否則將一事無成！」

史蒂夫後來做過很多事，沒有一件事做成功。直到現在，他還不知道為什麼傑克會拒絕他。

傑克之所以拒絕史蒂夫，就是因為他沒有把自己交代的簡單工作做好。傑克隨手給他一篇文章修改，並沒有要求他把文章改得如何好，而是看他對待簡單工作的態度，也是給他一個證明自己的機會。一個不能把小事做好的人，絕對無法寄以厚望，這是他和眾多年輕人交往中得到的深刻教訓。

我們進入社會，也會遇到很多很小卻可以證明自己的機會。一件事不管它多麼無足輕重，多麼無關緊要，只要我們答應做了，就一定要做到最好，做到讓人敬佩和尊重。只有這樣，我們才會贏得做大事的機會。

別人把一件小事給我們做，我們如果珍惜，就是證明自己是一個可以成大事的人，我們就會贏得學習、補充、實踐的機會。任何可以為別人提供機會的人，都會把發展、提升的時間和空間，留給值得培養的人。

作為年輕人，可以做的就是珍惜每一個機會，用每一個機會證明自己是一個什麼樣的人，將來可以做什麼樣的事。

把平凡的事情做得不平凡，就是成功

現在年輕人最迷惑的事，可能就是自己做什麼才可以成功，怎麼做才可以成功。其實，成功這個詞語，沒有確切的定義。例如：巴菲特做一筆生意，賺了五十萬美金，對他來說，可能就是一個失敗。但是一個普通人，做了同樣的生意，對他個人而言，可能就是成功。因此，成功是相對的，不是絕對的；是多元化的，不是一元化的。

對於追求成功的年輕人來說，做什麼才可以成功呢？很簡單，做什麼都有可能成功，但是一定是適合自己並且感興趣的事情。事情無論大小，哪怕是再平凡的事情，只要我們可以做到同行業第一，做到最好，做得與眾不同，就是成功。也就是說，可以把平凡的事做到不平凡，就是成功。

烤漢堡是美國家庭主婦都會做的事，這算不算小事、平凡的事？應該算。如果一個人在美國開一個五坪大的漢堡店，月收入只有幾千美金，算不算小事、平凡的事？也應該算。但是，如果一個人在全世界開了十萬家這樣的小店，每天可以賣出二億個漢堡，還算小事嗎？絕對不算，而且算是成功。

由此可見，做什麼事情都可以成功。無論我們做什麼，都不是像我們想像的那樣：只有做大事的人，才可以成功。世界上沒有大小事之分，想要成功，只看把事情做到什麼程度，做到什麼範圍。

成功，是一個人的現在與從前相比是否進步，是一個人的真實能力與做出的成績相比是否懸殊，是一個人與從事同樣工作的人相比是否突出。

每一個人的出生時代、成長背景、知識、能力、機會、人脈、運氣都不一樣。多元化的社會上，每個人都是主角，不能說哪一份工作可有可無，更不能說哪一種職業卑微或是高尚。我們無論從事什麼工作，只要可以服務別人，都是值得尊重。

作為一名平凡的年輕人，剛進入社會，由於各種條件的限制，可以做的工作確實不多。那麼，就從平凡的工作、自己可以做的工作做起，無論這份工作有多平凡。

記住，任何平凡的工作，只要我們用心、動腦，就可以做得不平凡。可以把平凡的事情做得不平凡，就是我們夢想的、期待的成功。

Counsel 6

If you mess up, it is not your parents' fault! I Therefore, do not whine about our mistakes, learn from them.

如果你陷入困境，不是你父母的過錯！所以，不要尖聲抱怨我們的錯誤，要從中吸取教訓。

成長是一個痛苦的過程

我們從兒童、少年、青少年到青年，是身體、心理逐漸成長、成熟的過程。在這個過程中，痛苦會一直伴隨著我們。身體會受到疾病、災難的襲擊，心理會飽受與自己有關的各種矛盾、利益的困擾。

沒有人願意面對痛苦，但是痛苦卻是我們成長過程中的一部份。不是我們選擇痛苦，而是痛苦選擇我們。學會如何接受和面對痛苦，是我們一生要解決的重大課題。

父母也是經歷過我們難以理解的痛苦而成熟，包括讓他們刻骨銘心的痛苦。我們跨過生命之門之後，父母不希望我們再一次經歷他們曾經經歷過的痛苦，習慣為我們解決一切、規避一切，目的就是為了我們不再重蹈他們因為年輕的曲折和挫折。

我們生病了，父母著急的帶我們去醫院。醫院，是所有兒童恐懼的地方。去了醫院，就意味著要吃苦口難嚥的藥品、要接受針管刺入肌肉的痛苦。我們用掙扎、哭喊拒絕去醫院以及去醫院以後要面對的痛苦。父母卻安慰我們：「不去醫院，我們去外公家。」就這樣，把想要迴避痛苦的我們，帶到醫生面前。

我們看到穿白袍的醫生、拿著針筒的護士的時候，看到別的小朋友打針以後痛哭不止的時候，我們拚命的掙脫。父母一邊緊緊的抱著我們，一邊安慰我們：「我們不打針，絕對不打針。」我們自認為可以僥倖逃過一劫的時候，父母和護士卻脫掉我們的褲子。結果，我們不僅要接受痛苦，還要接受絕望與無助。

小時候，我們就認識到，痛苦到來之前，總是伴隨著讓我們防不勝防的他人欺騙、自己欺騙自己的僥倖，最後我們還是不得不被動的接受痛苦的到來，讓我們一點面對痛苦的準備都沒有。

深愛著我們的父母，從來沒有告訴我們成長是痛苦的，目的是使我們「健康」的成長。即使我們做錯事，遭到他們的懲罰，使我們被迫承受痛苦，他們也會告訴我們：「痛苦是一種懲罰、一種代價。」如果我們不想痛苦，就不要做錯事。

在這個世界上，不犯錯的最好辦法，就是什麼事都不做，或是等著別人為我們做。年輕人不做事、不經歷，怎麼可能成熟？怎麼可能取得事業的成功？這也是現在很多年輕人受到挫折和打擊，就變得膽怯、脆弱、消極，不敢接受任何挑戰和嘗試，最後由平凡變為平庸的原因。

於是，很多年輕人在自己變得無能的時候，都會埋怨自己的父母——埋怨父母沒有把自己教育好，不能給自己創造好的生活環境，不能給自己留下用之不盡的財富……但是，即使我們有千萬種理由抱怨父母，但是父母對我們的需要愛莫能助的時候，剩下的只有傷心和失望。因為，父母對孩子的愛和幫助，都是無私而盡全力的。

我們不能正視痛苦，只因為是父母以錯誤的方式愛錯我們。我們永遠不可能要求父母像印度前總理甘地夫人一樣，教育我們如何認識人生中的痛苦。世界上一切都可以選擇，只有父母和孩子不能選擇，這也是我們的痛苦。

印度前總理甘地夫人是一位非常偉大的女性、偉大的政治家，她也是偉大的母親。作為一位母親，她知道自己有責任幫助兒子認識到，成長就是一個痛苦的過程。

有一次，十二歲的大兒子拉吉夫因為生病要做一次手術。面對緊張恐懼、想擺脫手術痛苦的拉吉夫，醫生準備說一些善意的謊言，轉移孩子的注意力，還委婉的安慰他說手術並不痛苦。甘地夫人看出善良醫生的意圖，上前阻止醫生。隨後，她來到兒子的床邊，嚴肅而平靜的告訴兒子：「你想要徹底擺脫疾病帶給你的痛苦，就必須接受手術帶來的痛苦。疾病的痛苦我們不期而遇，但是你可以選擇用手術來解決。手術後有幾天痛苦，但是手術痛苦的代價是徹底擺脫疾病帶給你的痛苦。這兩種痛苦都發生在你的身上，誰也不能代替你受苦。因此，你必須要有心理準備去面對，哭泣和喊叫都不能減輕痛苦，可能還會引起頭痛。」

手術前後，拉吉夫都沒有哭，也沒有喊，他堅強的忍受一切。

我們的問題，永遠是我們的問題，父母即使有再大的本事，也不會幫我們一輩子。就像甘地夫人說的一樣，發生在我們身上的痛苦，世界上任何一個人都無法代替。我們可以做的，就是要有心理準備和採取積極面對的辦法。

在人生的道路上，只要我們有夢想、有追求，並且為自己的夢想和追求採取行動的時候，痛苦和挫折是不可避免的。我們要面對難以抗拒的誘惑，要忍受成功到來之前的寂寞，要接受人為和非人為的種種障礙，要為判斷、選擇失誤付出慘重的代價……這些，對我們來說，都是痛苦的。這些痛苦，遠遠大於我們小時候打針吃藥的肌膚之痛，孩童蹣跚學步的頭破血流。

面對如山似海般的痛苦，是消極的逃避還是勇敢的面對，將決定我們的人生是黯淡還是輝煌。這個時候，一定要記住，我們之所以痛苦，那是我們獲得新生之前的陣痛，要坦然接受，微笑面對。

我們追求成功、完美的過程中，時時刻刻都伴隨著挫折和痛苦，總會有一些不順利。這就要求我們要有一個健康的心態，承認失敗和成功、幸福和痛苦是一對連體嬰，我們想得到其一，就要接受其二。

人生是一場麻煩不斷、困難不斷的漫長戰役。在這場戰役中，我們處於主動、被動的戰鬥從不間斷。有時候是我們為別人製造痛苦，有時候是別人為我們製造痛苦。總之，痛苦不會從我們的人生中消失，只要我們還活著。

值得喝采的人生，是我們可以不斷的取得人生戰場上的一次次勝利，更是我們在艱難困苦中依然不抱怨、不拋棄、不放棄，把挫折和痛苦當作是我們不斷追求成功過程中的正常待遇。

你遇到的事情，都是因為你而發生

年輕人進入社會，失敗和挫折在所難免，不是遇到問題，就是遇到麻煩，彷彿連仁慈的上帝都跟我們過不去，毫不客氣的對我們這樣的弱者說「不」。

深陷在一個個自己製造的、別人製造的、上帝製造的麻煩漩渦裡，我們會不自覺的問：「這是為什麼？」沒有人可以告訴我們為什麼！和我們有關的麻煩，我們都想不清楚，別人又怎麼能明白？

按照中國佛學講究的因果關係分析麻煩，我們遇到的每一個「惡果」，其實都不是無緣無故的。一切和我們現在有關的麻煩，都是我們以前的一個選擇結果。我們當初做出什麼選擇，就要承受由這個選擇帶來的結果，即使有些結果並不在我們的意料之內。

在美國，有一個故事。約翰出差好幾天，著急回家與妻兒團聚，就開著汽車在高速公路上飛速行駛。行駛一段時間以後，前面出現幾輛車併排行駛，速度都差不多，把他死死的擋在後面，這讓他很著急。根據他的判斷，最後選擇緊跟在一輛卡車後面，準備伺機超車。

卡車上裝滿貨物，貨物在車上搖搖欲墜。突然，約翰感覺眼前一黑，什麼都看不見。原來，卡車上捆綁貨物的繩子鬆了，貨物掉下來重重的砸在他的車子上，瞬間就把約翰的車砸扁。

急著回家的約翰沒有回到家裡，而是被人送進醫院。經過醫生的搶救，他雖然保住一條命，但是失去健康的雙腿，他的後半生只能在輪椅上度過。

意外飛來的橫禍，改變約翰的生活，也把他精彩的人生畫卷徹底塗黑。為此，約翰想不通，他埋怨那個卡車司機，為什麼要違法超載？為什麼不用結實的繩子把貨物捆牢？有那麼多車輛行駛的高速公路上，貨物為什麼偏偏砸到自己而不是別人？為什麼？為什麼？約翰有太多的為什麼要問，可是沒有人可以給他答案。他可以做的，就是在輪椅上生氣、抱怨。

約翰認為自己是世界上最倒楣的人、最不幸的人。對他來說，上帝是在刻意捉弄他，給他一個灰暗的人生，剝奪他享受美好生活的權利。於是，他整天唉聲嘆氣，甚至想自殺。他實在無法接受上帝如此的安排。

妻子發現約翰有自殺的傾向，就請來當地一位著名的心理醫生來到家裡。還沒有等到心理醫生說話，約翰一口氣問了心理醫生十幾個為什麼。心理醫生沒有給他答案，只是默默的聽著約翰抱怨。約翰抱怨完，心理醫生委婉的問了幾個問題。

醫生問：「是誰讓你選擇開車回家，卻沒有搭乘火車或是飛機？」

「是我。」

「是誰讓你選擇在那個時間回家？晚一天回家不行嗎？」

「是我。朋友建議我多玩幾天，可是我沒有聽他們的話。」

「回家的路有那麼多條，是誰讓你選擇走這條路？這條路上車輛是最多的。」

「是我。因為從這條路回家，用的時間最短。」

「在高速公路上，明文規定兩車的距離是一百公尺，是誰讓你選擇緊緊的跟在那輛車的後面？併排行駛的有三輛車，又是誰讓你選擇跟著卡車的後面？」

約翰紅著臉，低著頭，若有所思的回答：「還是我。」

心理醫生繼續說：「卡車上的貨物沒有綁緊，貨物會墜落，不可能一點前兆都沒有，相信作為成年人的你，可以估計貨物砸下來的後果是什麼。繩子鬆了，車子向前行駛，貨物一定會砸在緊跟在後面的車子上，這個結果誰都無法改變。如果沒有砸到你，也可能會砸到別人。貨物砸在你車子上的結果，是誰讓它發生的？如果你不選擇在這個時間上路，選擇走別的路，保持足夠的安全距離行駛，選擇跟在別的車子後面，那麼，即使東西掉下來，也不會砸到你，對不對？所以，你剛才問我那麼多為什麼的答案，應該是什麼呢？是誰的選擇導致你後半生坐在輪椅上呢？」

約翰若有所思，身上不由自主的抖動。

心理醫生繼續說：「既然都是你的選擇，你就沒有理由再抱怨。世界上，每一秒鐘之內，都有車禍發生，剝奪很多人的生命。你只是千萬個遭遇車禍的人其中的一個，你失去的僅僅是兩條腿。殘障的人不止你一個，他們當中有的人，做出的成績都讓健全的人汗顏。現在你又有兩個選擇，一個是很簡單的結束一生，讓愛你的人和你愛的人更痛苦；一個是笑對人生，繼續你的精彩生活，成為愛你的人和你愛的人的驕傲！」

既然自己遇到的不幸，是自己的選擇，約翰再也沒有勇氣抱怨。他再一次選擇重新面對生活，選擇加入殘障輪椅擊劍俱樂部，練習擊劍，最後成為殘障奧運會輪椅擊劍冠軍。

在這個世界上，對每個人來說，最困難的事情恐怕就是做選擇。可是我們必須做選擇，簡單的有一天三餐吃什麼，約見什麼人，以什麼心情去工作；大到做什麼投資，選擇誰做自己的合夥人。一個選擇，不僅僅是對應一個結果，而是許多個結果。我們最期待的結果，不一定會出現。

也許有些人會說：「今天，我什麼選擇都不做。」什麼選擇都不做，也是一種選擇。與這個選擇對應的結果就是：你明天不會有什麼收穫。沒有收穫，也是一種結果。

由此看來，我們遇到的任何結果，都是因為當初我們的選擇而發生。今年的選擇，對應的結果也許在明年、後年、或是十年以後會顯現。總之，該來的一定會來，誰也躲不過。

沒有人的一生是一帆風順。一個人追求的越多，遇到的困難、挫折和失敗就會越多。年輕人進入社會，就不能不向社會索取物質財富和精神財富，就不可避免的要經常被挫折上一堂課。

在逆境中，我們可以把自己的不幸歸咎於別人、詛咒上帝不公平，但是無論我們怎樣抱怨、哀怨，都不能改變既成事實。即使可以獲得同情，對我們擺脫逆境也是毫無價值。我們不自救，就沒有人可以救我們。

這個時候，我們一定要明白，發生在自己身上的一切，都是以前的選擇，怨也只能怨自己。我們可以做的就是：坦然的為自己當初的選擇負責，並且從這些挫敗中吸取教訓。不管這一堂「課」的代價有多大，都是值得的。

沒有人（特別是年輕人）願意遭受痛苦和失敗。這就要求我們在做選擇的時候，要謹慎考慮，不能跟著感覺走。只要我們做出選擇，就要面對選擇帶來的結果。做最正確的選擇，才是我們規避不幸和失敗的最佳防範措施。

人生的遊戲不能存檔

人生是什麼？人生就是一個行者，在規定的時間內，從起點出發，以不同的角色走出與出發點最大的距離。誰和自己的出發點的距離越大，誰的人生就越成功。

世界上的每一個人都是行者，每天都主動或是被動的走在自己選擇的道路上。遺憾的是，每個人都在漆黑的夜裡摸索著前進，走過的路只能記在心裡，要走的路一片茫然。看不見前面是高山還是溝壑，是沼澤還是森林。但是，我們必須要向前走，只有向前走才會擁有與出發點的距離。

人生不僅僅是路難走，還會遭遇別人挖下的陷阱、虎豹豺狼的襲擊、雪雨冰霜的眷顧。無論多麼疲勞與厭倦，只要我們還活著，就要面對。

人生好像一片漫無邊際的荒原，每個人只能提一盞微弱的小燈，行走於呼嘯的寒風之中，最大限度的遠離自己的起點，並且尋找屬於自己的寶藏。手裡這盞燈，只能照亮前方一點點的路，在身後的路，又恢復一片黑暗。一陣大風吹來，還會把我們手裡的燈吹滅。即使我們不斷的向前走，也可能會重新回到起點，讓我們與出發點的距離為零，無論我們實際上走了多遠。

在這片無垠的荒原之上，有路，但是路上卻有無數的岔路，以及無數的坎坷。只要一念之差，我們就會走進死路，一失足就會掉進萬劫不復的懸崖下，遇到滅頂之災。不要說我們走了多久，也不要說我們走了多遠，對不起，遊戲已經結束，再也沒有可以翻身的機會。

所有人的手中都沒有地圖，所有人的手中都沒有指南針，在數不清的路口，一切都要靠自己的選擇和判斷。如果走錯了，就會縮短和起點的距離；如果走對了，前面就會有擴大與出發點距離的平坦大道。

就像找不到工作的我們，身處陌生的大都市，站在熙熙攘攘的街道上，面對匆忙的來往行人，不知道哪裡是自己的歸屬，有誰需要自己做什麼。我們不知道別人在忙什麼，也不知道怎麼讓自己忙起來。

都市上空的陽光很燦爛，卻無法驅除我們心裡的黑暗。回首過去，才知道自己一直行走在水面上，沒有留下任何腳印；自己在哪裡、去哪裡，連自己都不確定。現在才明白，在過去的一段時間裡，對現在有用的事情都沒有做，對現在沒有用的事情卻做了很多。瀟灑的過去，無法換來坦然的現在；迷茫無助的現在，無法看見清晰的未來。

上大學的時候，我們應該坐在教室聽課的時間裡，卻選擇坐在寢室裡的電腦前，玩著各種新鮮刺激的ＲＰＧ遊戲。遊戲，就是我們那段生活的全部。

在遊戲中，我們可以任意選擇自己是誰，可以扮演各種各樣的人，可以讓自己從弱小變得強大，一切都在自己的隨意之中。即使我們玩遊戲的技巧不熟練，對遊戲規則很陌生，這都不是問題，只要我們一次次的玩下去就會熟練，一次次的摸索就會熟悉。即使因為操作失誤讓遊戲結束，也沒有關係。因為，可以從頭再來。

我們玩ＲＰＧ遊戲的時候，卻沒有意識到，人生就是遊戲，遊戲就是人生。之所以說它們相似，現實中的我們和在遊戲中選擇的角色一樣，都是從弱到強，都是要離開起點奔向目標，都是在黑暗中尋找正確的道路，都是要戰勝道路上的險阻，都是要闖過難度遞增的關卡。

人生和遊戲又有實質性的差別。我們願意玩遊戲卻不願意面對人生，是因為一個完整的遊戲，沒有規定我們在多久的時間內必須成功。在遊戲中，我們可以隨意挑選扮演強者或是弱者，就算是我們的選擇、操作完全失誤，代價不過是「勝敗乃兵家常事，請大俠重新來過」，我們可以重新啟動遊戲，繼續玩。

遊戲最大的優點是可以存檔，每一次都可以從已經正確的地方開始。即使我們在新遊戲中選擇錯誤、操作失誤，甚至失去性命，都沒有關係，還可以在存檔的地方繼續玩。因此，在遊戲中，任何失誤和失敗，都無關緊要，我們總是可以找到正確的方式過關，得到自己滿意的結果。

人生不能讓我們選擇自己是強者或是弱者。可以有多少支持，從我們出生的那一天就已經決定。出生在豪門權貴的家庭是我們的幸運，出生在貧困弱勢的家庭也只能接受。你就是你，我就是我，想要改變不如意的自己，就要選擇離開自己的起點，用自己的行動取得與起點最大的距離。

人生不是無期限的，從出生的那一天開始，唯一可以定論的就是有一天我們會死亡。從出生到死亡這段時間，就是我們人生的期限。我們也必須在這段時間裡，在漆黑不見五指的夜裡，選擇正確的道路，用正確的辦法通過所有的關卡，才可以實現自己的夢想。

完成這些任務不是無限期的。我們可以把錯誤的過程歸零從來，失敗以後重新來過，但是代價遠比第一次開始的大，因為人生的失敗意味著失去——失去時機、失去支持，但是屬於我們的時間，不會因為我們做與沒有做、正確或是錯誤，而停止消逝。

在有限的人生之中，我們不能像玩遊戲一樣，把正確的從前存檔。學習、工作失敗的時候，就代表選擇的結果已經前功盡棄、一敗塗地，可以收穫的就是經驗和教訓。我們可以做的選擇，要麼從頭開始，要麼徹底放棄，不可能拿出以前的存檔重新開始，使自己省時、省力的獲得另一個成功的結局。我們的決心可以回到從前，但是我們的資金、團隊、時機不可能復原。

少年、青年、中年和老年，每一個時間都有我們必須要完成的任務，無法完成就會成為一種用更大代價來償還的高利貸。在一定的年齡，就必須要把這個年齡的任務圓滿完成。無論科技如何發達，也不可能讓垂垂老矣、行將就木的人，通過時光的隧道回到從前，將一切推翻，重新來過。

成功的人，都是在正確的時間、正確的地點，做正確的事；失敗的人，都是在錯誤的時間、錯誤的地點，做錯誤的事。如果人生可以存檔，無論結果是什麼，只要我們不滿意，就可以回到我們做出錯誤選擇的地方，選擇另外一條道路。

很遺憾，人生不能存檔。無論我們有心還是無意，只要做錯事，就無法回到發生錯誤的地方重新開始。我們選擇的機會只有一次，錯過了，就不可以再來。一旦選擇錯誤，後果只能由我們自己承擔。

我們可以從遊戲中感悟人生，卻不能把人生當作遊戲。因為遊戲可以存檔，人生不能。

從錯誤中找到意義

瑪麗是一個把婚姻和家庭視為生命的女人，與約翰結婚之後，瑪麗就把自己所有的時間和精力，全部放在約翰的身上，給予他無微不至的關懷，糾正他點滴般的錯誤，目的是讓丈夫成為完美的人，成為全美國最優秀的丈夫。

事情並沒有按照瑪麗預期的那樣發展，丈夫在她的關懷下，似乎變成讓她感到無比陌生的人，不再像戀愛的時候對她百依百順，最後，約翰與她離婚，罵她是世界上最不可救藥的人。對此，她非常憤怒，認為約翰一直在欺騙她。欺騙她的感情，欺騙她的信任，最不能接受的就是，他欺騙自己的愛。

瑪麗認為自己所有的付出，都是為了一個人、一個家，可是最後一點回報都沒有。她痛苦不堪，傷心欲絕，甚至想自殺。

她的一個在教堂做牧師的朋友，來到她的身邊，坐在她的面前，聽她的抱怨、哭訴，沒有發表任何意見，只是偶爾點點頭、嘆著氣，耐心的等著瑪麗心平氣和。瑪麗一口氣說了兩個小時，最後實在說不下去。

牧師見她聽下來，說：「一個家庭、一段婚姻的破裂，代表著一個人的生活某方面的徹底失敗，也許是因為你們在一起，本身就是一個錯誤，或是婚後你們都用錯誤的理念去經營婚姻。總之，婚姻的失敗，絕對不是一個人的錯誤。」

瑪麗聽牧師這麼說，尖叫著說：「不，絕對不是這樣。我為了他、為了這個家庭做了很多事，付出我的全部。為了照顧這個家和他，我辭去高薪的工作，像愛孩子一樣愛他，難道我這樣做錯了嗎？」

牧師說：「婚姻的公式是0.5+0.5=1。在你們的婚姻中，你把自己當作1，他只是0，誰甘心是0呢？男人需要的是愛，是理解，是支持，是包容，不是教育、改變和無休止的嘮叨。你愛他沒有錯，但是你愛的方式是不是錯的？」

瑪麗一時無語。是的，牧師說的一點都沒有錯，她的確按照自己的要求、方式，對待約翰和婚姻。家庭和婚姻不是一個人的事，但是她卻錯誤的把它們當作一個人的事。

三年以後，牧師為瑪麗介紹一個小她三歲的年輕人，那個人帥氣、優秀，也是把家庭看得非常重要的人。他叫羅伯特，是一家醫院的醫生。

瑪麗看到帥氣、英俊的羅伯特，一下子就沒有自信。她覺得自己這個失敗的女人，每一個方面都配不上他。她想轉身離開，但是覺得那樣不禮貌，也對不起牧師的一片熱心。於是，她硬著頭皮，坐在羅伯特的對面，決定把自己的真實情況告訴他之後，然後離開。自己不再是做夢的人，也無法做夢。

瑪麗直接告訴羅伯特，自己是一個離過婚的女人，年齡比他大三歲。沒想到，羅伯特微笑著說，這些他早就知道了。

瑪麗試探的問了一句：「您難道不認為，離過婚的女人，就像一件已經被損壞的物品？有失敗婚姻經歷的女人，是一個失敗的女人嗎？」

羅伯特沒有接瑪麗的話，而是舉了一個例子，問瑪麗：「如果你不幸遇到車禍，需要做一次外科手術。現在提供兩名醫生為你做手術，一個是從醫學院剛畢業的醫生，另一個是有三十年臨床經驗的醫生，你會選擇哪一個？」

「當然選擇後者。」瑪麗不假思索的回答。

「我也是一樣。」

他注視著她的眼睛，說：「我也像你一樣，是把家庭和婚姻看得和生命一樣重要的人，我不允許它失敗。我接觸過很多未婚的女孩，她們不知道珍惜，不知道包容，不知道寬恕，更不知道如何經營兩個人的世界。所以，失敗的婚姻，已經使你對婚姻有更深刻的認識，算是有豐富經驗的老醫生，這也是我與你見面的原因。」

羅伯特接著說：「婚姻像一條船，船上只有一個男人和一個女人，他們一起駕駛小船，在生活的大海上航行。海水下有湍急湧動的暗流，暗藏堅硬而巨大的礁石，天邊有時還會出現海市蜃樓的誘惑。兩個人必須都是技藝高超的水手，有默契的配合，控制小船的航行路線和航速，才可以安全行駛，否則就會船毀人亡。遺憾的是，婚姻船上的男女，不顧及船的載重能力，不顧及彼此的安危和感受，盲目的向前行駛。當船觸礁的時候，做什麼都太遲了。你是把家庭和婚姻看得和生命一樣重要的人，現在在你的臉上還可以看到那次失敗的婚姻給你帶來的痛苦。相信你再次坐上婚姻小船的時候，一定會知道如何保持小船的安全和兩個人的舒適。總之，在未來生活的海面上，你會非常小心。每一個人都會犯錯，但是只要我們在錯誤中找到意義，就不一定是一件壞事，真的不是！」

羅伯特說的一點都沒有錯。

瑪麗在離婚之後，一直反省自己，發現自己並不是像當初認為的那樣，一點都沒有錯。約翰依然是原來的約翰，她卻不是原來的瑪麗。約翰只接受戀愛中的瑪麗，對婚後的瑪麗卻感到陌生和恐懼。

一年之後，牧師為瑪麗和羅伯特主持婚禮。婚後，瑪麗與羅伯特在一起生活，同樣會遇到類似與約翰在一起的矛盾，也會出現各種各樣的危機。但是，瑪麗總會使用正確的方式，在正確的時間和地點，和丈夫及時的交流、溝通，把危機消滅在萌芽狀態，使婚姻變得更和諧、美滿和幸福。

試想一下，年輕人進入社會，像不像與其他人生活在社會這條大船上？我們會因為年輕氣盛、心智不成熟，對社會、生活沒有深刻的認識，難免會犯下各種各樣的錯誤，導致我們的人生之船拋錨擱淺、觸礁船沉，或是在大風大浪中，迷失航行的方向。

一條船遇到不幸，是我們的錯誤，也是他人的錯誤，但是終歸還是我們的錯誤。年輕人想要發展，不可能不犯錯。犯錯沒關係，只要可以察覺錯誤，重新認識錯誤，馬上糾正錯誤，保證不再犯同樣的錯誤，就會使我們的人生之船順利航行，最後達到自己的目的地。

錯誤，也有好多種。有些錯誤是有意義的，例如：開發新產品的時候想得不周全，導致產品有瑕疵。

任何一個人、一家公司，都是不斷的犯錯，不斷的糾正錯誤，最後才會接近成功。這裡之所以用「接近」一詞，是因為只有暫時的成功、階段性的成功。停止在一個階段性的成功上，本身就是一個錯誤。

所以，只要我們做的事情是正確的，就不要怕犯錯。這樣的錯誤，也是我們獲得成功不可或缺的一部份，對我們的成長和發展，都是有意義的。

有些錯誤，一眼就可以看出來，例如：違背法律、道德、損害他人利益的錯誤不能犯，犯了就要付出慘重的代價，而且不會被原諒。

所以，年輕人想做什麼事情的時候，先看看自己的出發點，想一想自己為什麼要做這件事。如果明明知道錯誤還要做，就不要期待別人原諒。因為在做這件事情之前，我們已經失去請求別人原諒的權利。

只要我們走在正確的道路上，準備做正確的事，就要坦然接受我們犯的錯誤，這是上帝給我們的一個提醒、一件禮物。

只要人生的方向正確，所有的錯誤經歷不僅不會降低我們的價值，反而會增加我們的價值；不僅不會降低我們解決問題的能力，反而會使我們更懂得如何正確的做事，如何做正確的事。

Counsel 7

Before you were born, your parents weren't as boring as they are now. They got that way from paying your bills, cleaning your clothes and listening to you talk about how cool you are. So before you save the rain forest from the parasites of your parents' generation, try "delousing" the closet in your own room.

在你出生之前，你的父母並非像他們現在這樣乏味。他們變成今天這個樣子，是因為這幾年，他們一直為你付帳單，為你洗衣服，聽你談論你是多麼的酷。所以，如果你想消滅你的父母那一輩中的「寄生蟲」來拯救雨林，還是先去清除你的房間衣櫃裡的蟲子吧！

人生不是一道填空題

人生是怎樣的過程？很簡單，人生就是從生到死的過程。

人生的內容是什麼呢？是生活──出生，活著。

活著，不是簡單的事情，比死難得多。死是對生活中所有問題、麻煩、煩惱，用一種極其簡單的方式終結，一勞永逸。活著，就是非常麻煩的事情，每個人有每個人活著的方式、內容和目的。品質不同，價值不同，收穫更不同。

雖然死比活著簡單，但是我們都選擇並且堅持活著。因為，活著才會有希望，才會有意義，才會有價值。

活著，以什麼方式活著，這是一個大問題。如何活得正確，活得精彩，活得有價值，是人類從會思考以來，一直探討到現在的話題。沒有一本具體的操作手冊，可以供年輕人參考。

不過，生活的幾個步驟，還是很明瞭，出生——上學——工作——買房子——結婚——養小孩——退休，似乎就是這些內容。一個人一生無論成功或失敗、尊貴或卑賤，內容不出其左右。

這就導致年輕人把人生當作生活，把生活當作一張只有填空題的試卷。簡單的認為，只要自己把人生空白的地方填上，就算是完成生活的任務。所以，在我們身邊，有一大批人按部就班的填寫自己的人生試卷。

幼稚園畢業進入小學，小學畢業進入國中，國中畢業進入高中，高中畢業進入大學。大學畢業之後，不知道填什麼，填讀碩士；研究所畢業之後，不知道填什麼，填讀博士。一路填下來，不知道自己為什麼要這麼填，只是看別人這樣填，自己也這樣填。

人生是一張試卷，是一張只有自己滿意、沒有滿分的試卷。儘管我們一起在社會這個大考場上，同時解答同一張試卷，但是這張試卷並沒有標準答案。

遺憾的是，很多年輕人面對自己這份全是填空題的人生試卷，根本不知道怎麼填。於是，按照家長要求的模式，或是同學、朋友填寫的模式填寫，到了最後才發現，這些相同的答案，別人得了高分，自己卻不及格。

人生試題皆相似，個人解法各不同。因為我們是獨立的個體，必然有屬於自己人生的正確答案。任何模仿和抄襲，都會把自己的人生試卷的答案卡塗錯。別人的答案在他的試卷上正確，在我們的試卷上未必正確，即使試題類似或是相同。

生活是選擇填空題，不是單一的填空題。即使每道題目相似，可供選擇的答案也未必相同。別人填A是對的，我們填A可能就是錯。我們在答題的時候，首先要把題目看好，然後在參考提供的選擇答案。如果可供選擇的答案中，沒有正確的答案，我們就要把正確的答案寫出來填上。

這就要求年輕人，在生活中，隨時都要掌握主動，積極尋找自己人生這些試題的正確答案，不能被生活推著走，不能機械、被動的把自己不知道對錯的答案填上。

生活中，被動填寫自己人生試卷的人比比皆是。應該考大學的時候沒有好好讀書，填了一個爛學校；應該選科系的時候，不認真對待，填了一個冷門科系，讓就業成為問題；應該參加社團活動沒有參加，畢業以後像一個擁有大學學歷的高中生，甚至還不如有頭腦的高中生。

大學，更像是一個年輕人走上社會前的訓練營，或是像大聯盟的三A小聯盟球隊。麻煩的是，有些大學把教育當作一種賺錢的手段，學生只要交錢，老師講解規定的課程，就算是完成任務。至於學生學會多少，掌握多少，是學生自己的事，跟學校無關。將來畢業到社會上能不能就業，是學生和父母的事。

大學就像像大聯盟的小聯盟球隊，由一群從來不看ＭＢＬ大聯盟的教練執教。這群教練拿著落後現在棒球觀念十幾年的教科書，照本宣科的向想成為棒球明星的孩子講述。

這群教練明白，將教材上的東西講述給孩子們知道是自己的任務，孩子是否可以理解棒球理念，練不練體能，有沒有閱讀比賽的能力，是不是在熟悉他們最適合的位置，是不是具備成為棒球明星的素質，是孩子自己的事，是大聯盟教練的事。

大學就是這樣，抱怨沒用，憎恨也沒用。當初我們以優異的成績考進大學，但是不一定以優異的成績畢業——即使拿到學校核發的畢業證書。大學是人生最重要的一道試題之一，把畢業證書作為唯一的答案，一定是不正確的。

大學這道題目，是一道多項選擇填空題，是人生最重要的一次經歷，不能因為現狀不好就可答可不答，而是必須答，而且要求我們把正確的答案填上。

那麼，大學這道試題的答案是什麼呢？畢業證書，淵博的專業知識，廣泛的社會知識，良好的口才和領袖氣質，會學習、思考、分析、判斷、解決的能力。這對我們來說，就不是一道簡單的填空題，而是需要我們寫一篇非常有價值的人生論文。

僅僅把畢業證書當作大學這道試題唯一答案的人，上大學簡直就是一場人生的災難，而且在這場災難中，還不知不覺。因為別人這樣，所以我也這樣，這是很多年輕人選擇做什麼的理直氣壯的藉口。這四年的人生試題上，簡單的填上讀大學，為什麼要讀大學，自己究竟怎麼讀的，讀完有什麼收穫，大學畢業以後可以做什麼，都沒有想，也懶得想。

在大學裡，沒有主動學習、思考、實踐，畢業以後就會被動的找工作，被動的接受公司的選擇，被動的面對生活中的一切。

即使在大學裡我們是人生球隊的小聯盟球員，沒有比賽的任務，但是我們是為了贏得人生比賽中更多的勝利才來到這裡，不是找一個沒有人約束的地方娛樂自己。不管我們的教練如何、管理如何，也不管我們的守備位置在哪裡，都要把自己訓練成大聯盟需要的球員、會被大聯盟教練欣賞的球員，成為只要有上場機會就有優異表現的球員。這才是四年內把簡單的答案變成優秀論文的關鍵。

我們的人生也是一樣，不是找一個答案就算完成。正確的答案，需要我們不停的尋找，而且是主動的尋找，把找到的答案放在一起，寫成一篇任何人都欣賞的優秀文章。不要期待得到一本有正確答案的參考書，即使有這本參考書，也是只有答案，沒有文章，我們的論文還要自己寫。

把生活當作一道簡單的填空題，機械的填寫答案，考試的結果往往是零分。生活的一次考試我們得了零分，人生就會處處被動。一旦被動，就會導致我們陷入種種不利於自己的局面，對自己的未來失去選擇權，沒有任何談判的籌碼。幾年、十幾年、甚至幾十年，都無法翻身。

生活不是很酷，而是很殘酷

只要幾個老闆在一起喝酒，聊得最多的就是：什麼行業最賺錢，什麼人的錢最好賺。結果卻是驚人的相似——孩子的錢最好賺。根據市場部門的調查顯示，在年輕消費者群體中，消費能力最強的人，不是上班的年輕人，而是那些還沒有上班但是家庭條件比較好的年輕人。

為什麼這些不賺錢的人，消費能力會比上班賺錢的人還強呢？因為，他們花的不是自己的錢，是父母的錢，當然不會心疼。只要父母願意給錢，他們就可以把錢花出去，而且花得理直氣壯。那種氣度，連世界首富都比不上。

為了讓這類年輕人可以把父母的血汗錢毫不猶豫的花出去，就要為年輕人製造各種各樣的消費概念。例如：享受生活、活在當下、跟著感覺走……總之，不管製造什麼概念，就是不把生活真實的一面給他們，讓他們覺得父母供養自己這隻吸血的蚊子是應該的、必須的。

年輕人有了這樣的消費概念之後，緊跟著是不停的製造時尚概念、流行概念、個性化概念，讓年輕人想盡一切辦法，使自己很炫、很酷。在同學會上一擲千金是瀟灑，換女朋友比換衣服快叫個性，不眠不休的玩網路遊戲叫執著……總之，按照自己的方式生活就沒有錯，只要自己酷。

這樣的年輕人，絕對不知道什麼叫生活。愛子如命的父母，什麼東西都可以給孩子，就是忘了把真實的自己、真實的生活給孩子。所以，年輕人只知道生活應該很酷，卻不知道生活很殘酷。

把不懂生活的年輕人，送進管理鬆散、自由時間多、金錢自己掌握的大學，就像被圈養十幾年的綿羊，忽然被放在廣闊無垠的大草原上，就像把一塊在真空裡織造的白布，放進五顏六色的大染缸裡……

其實，生活中沒有那麼多的酷，因為生活是戰場，只有全能的戰士取得一個又一個勝利之後的慶祝，才是真正的酷。生活在戰場上的人，只有兩個結果，不是成為戰士就是戰死。這與我們戰與不戰沒關係，生活就是這樣的殘酷。

不想在生活戰場上戰死，想成為擁有一個個勝利的戰士，首要的問題就是知道生活是戰場，不是免費的遊樂場。

一名美國海軍陸戰隊的上校說：「在戰場上犧牲的人，往往都是對戰場沒有足夠的認識，對平時訓練沒有深刻瞭解的新兵。」對訓練沒有深刻瞭解、對戰場沒有足夠認識的新兵，都會死於戰場。那麼，我們這些只知道如何活得很酷、對生活戰場有錯誤瞭解的年輕人，走上生活戰場的結果，又是如何呢？

當然，我們死不了，但是會活得比死還難受！

哈佛大學是世界上最偉大的學府之一。新生入學之後，都會接到許多在哈佛大學長期執教的教授們的幾條建議。其中有幾條是這樣的：

- 走出課堂。你可以在課堂上拿到學位，得到很高的分數，但是依然沒有為實際工作做好準備。大學是四年的人生經歷，不是幾十個學分。
- 在你的教室裡開始做生意。記住，雅虎、Google都會爭先恐後的買你弄出來的網站。
- 做一些你並不擅長的新事物。你對自己未必瞭解，請給自己一個機會。二十年後，你可能生活在自己完全沒有設想過的現實中。

- 好工作要自己找，不要等著天上掉餡餅。
- 傲視名校。哈佛大學畢業的人，如果沒有積極為了進入社會做充份準備，也一樣找不到工作。
- 要靠打工讀完大學，積極累積工作經驗。
- 把你的目標列成表格，因為沒有計劃就不可能成功。

在這些建議中，沒有一個是談如何學習的，因為學習只是大學的一小部份。大學之所以給學生們那麼多的自由時間，不是讓我們用來睡覺、談戀愛、玩遊戲，而是讓我們有足夠的時間認識社會、思考人生，學會如何戰鬥。如果我們把這些時間用錯了，代價是很大的。

我們在大學裡這幾年，非常像生活在繭中的帝王蛾。帝王蛾，是擁有翼展達幾十公分的一種蛾，幼蟲時間生活在一個洞口小於牠軀體好幾倍的繭中。牠發育成熟的時候，想要從繭裡出來，只能通過狹小的繭口，別無選擇。那個時候，帝王蛾的軀體非常的嬌嫩。為了鑽出繭口，有太多的帝王蛾因為向外衝擠而力竭身亡。帝王蛾並沒有因為唯一的出口太狹小而放棄，因為飛翔是牠們唯一的夢想。

有些人對帝王蛾這種執著，動了悲憫之心，決定幫助牠們，使牠們可以輕而易舉的穿過飛翔之前的鬼門關，免除牠們用生命為代價換取的歷練。在帝王蛾發育成熟以後，他們用剪刀把繭口剪得非常大，使繭中成熟的幼蟲不必費多大的力氣，就可以爬出繭口，看到陽光。

好心人發現，自己的好心並沒有幫助牠們。沒有經歷死亡考驗、狹小繭口擠迫的帝王蛾，無論如何也飛不起來，只能拖著喪失飛翔功能、成為爬行累贅的翅膀，吃力的在地面上蠕動著。牠們不但沒有成為飛翔的帝王，而是趴在地上死亡。

經過研究，人們才發現，對幼蟲時期的帝王蛾來說，那個狹小的「死亡之口」，才是鍛造帝王蛾幼蟲兩翼的關鍵。牠們發育成熟、穿越繭口的時候，透過用力擠壓，血液才可以順利送到蛾翼的組織中。只有兩翼充血，才會獲得生命力，才會具有振翅飛翔的能力。人為的將繭洞剪大，蛾子的翼翅就失去充血的機會，就會成為一對殘翼，喪失飛翔的功能。帝王蛾即使可以輕易的破繭而出，也只能拖著殘翼爬行。

我們的父母，總是以愛我們的名義，拿著自己的剪刀，按照他們心目中設計的樣本，對我們進行修剪，直至把我們修剪成他們心目中的盆景。年幼的我們無法拒絕，只能接受，即使我們很不快樂。

父母錯了，我們沒有辦法。但是，大學和社會，讓我們遠離父母的剪刀。我們利用這個機會，不是把自己打扮得如何酷以吸引別人的眼光，而是要找回父母從我們身上砍掉的部份，盡力使自己成為社會叢林裡最高、最粗的棟樑之材。

如果我們成為社會叢林裡最高的樹、戰場上最會征戰的戰士，想不讓別人注意都很難。

如果父母存有一份養兒帳單

柯維在朋友的心目中，絕對是夠「哥們」的人，很講義氣。儘管家裡不太富裕，但是他出手很闊綽，與朋友在一起玩樂的時候，他總是全部買單。柯維覺得自己作為一個男人，就應該這樣。男人嘛，就應該豪爽。

柯維花錢如流水，沒有錢就向父母要，他認為，父母給自己錢是天經地義的，誰叫他們要養兒子。儘管他知道父母的薪水不高，每次給他錢的時候，都很為難。但是，他從父母手裡接過錢的時候，卻很坦然。誰叫他們不是百萬富翁，還要生孩子！既然把自己生下來，就有義務滿足自己的日常開銷！

有一次，他的一個「哥們」鮑爾默向柯維借了五百美金，並且寫了一張借據給柯維，保證三個月一定償還。儘管柯維手裡有五百美金，可是那是他的父母在他生日那一天，要他買一件自己喜歡的禮物。柯維還是沒有猶豫，就把錢借給鮑爾默。

三個月以後，鮑爾默似乎把這件事拋到腦後，手裡有錢的時候，不是給自己買名牌衣服，就是帶著女朋友看電影。這讓柯維很氣憤。

柯維實在忍無可忍，就拿著借據向鮑爾默要錢。沒想到，鮑爾默說：「我承諾三個月還錢是真的，現在我沒有錢也是真的。我確實很想還錢，但是我現在沒有錢。你看這樣好不好，再給我三年的時間。在三年內，如果我有錢，第一件事就是還錢。」

柯維聽了鮑爾默近似賴皮的話，非常生氣的說：「你沒有錢，鬼才相信！你沒有錢，還可以買名牌衣服，請女朋友看電影嗎？我借你的五百美金，是不是你拿去買禮物給你女朋友了？」

鮑爾默聳聳肩膀，說：「你借我錢就是借我錢，還可以管我拿這個錢做什麼嗎？提醒你一句話，不要把我逼急了，否則要錢沒有，要命一條！」

兩個人說著說著，就打了起來。說到打架，柯維當然不是鮑爾默的對手。沒有一分鐘，柯維就被打得鼻青臉腫，趴在地上爬不起來。這讓柯維非常氣憤，決定回家拿槍殺掉這個不講理的無賴。

柯維狼狽的回到家裡，嘴裡不停的咒罵著。父親老柯維看到兒子這個樣子，就知道兒子與別人打架了，一定是在找槍，想要報復仇家。於是，他問柯維：「柯維，是不是在找我的槍？」

「是的，我一定要殺了這個人渣。」說著，他把鮑爾默寫的借據扔給老柯維，「這是那個人渣寫的借據，說三個月還錢，現在已經過了六個月，不但不還錢，竟然還打人。你說，這樣的人不是該死嗎？」

老柯維看了借據一眼，說：「他不還你錢，一定是沒有錢。向你借錢的時候，也是迫不得已。我相信，他有錢的時候，一定會還給你。還是你要錢的方式不對，將他惹惱了。年輕人都是愛面子的，作為朋友，不應該這樣。」

「他沒有錢？鬼才相信！儘管他不上班，但是日常開銷比上班的人還大！女朋友都換了三個，在女朋友面前，裝得和富翁似的！我借他錢是希望他花在應該花的地方，而不是讓他在女朋友面前偽裝自己的醜陋嘴臉！」

「如果借錢一定要還，如果借出的錢都要花在應該花的地方，那麼，你看看這是什麼？」老柯維回到臥室，拿出一個小本子，遞給柯維。

柯維打開一看，是一個帳本，但是不知道是什麼帳。老柯維看著迷惑的柯維，說：

「這是你母親從你出生的第一天開始，把花在你身上的錢全部記帳。現在你讀大學四年級，我們在你身上的花費，已經超過一百萬美金。你整天抱怨我們無能、無錢，不會享受生活，但是如果把花在你身上的錢花在我身上，我的生活絕對不是現在這個樣子。我們給你那麼多錢，你都花在應該花的地方嗎？恐怕連十分之一都沒有。如果我現在要你還錢，你還不起，我要槍斃你幾次呢？」

老柯維見柯維不說話，接著說：「我和你母親雖然沒有本事，不能像比爾•蓋茲一樣成為世界首富，但是我們勤勞、誠實，盡最大的努力讓家裡的每個成員生活得很快樂。如果在美國有一個瞧不起我們的人，那就是我們的兒子。我今生唯一做錯的一件事，就是給了一個人生命。我想讓他成為美國人或是我個人的驕傲，但是他可能成為我最大的恥辱！你為了五百美金，就可以成為殺人犯；我為了一百萬美金，應該做什麼呢？」

一百萬美金，對柯維來說，是一個天文數字。他非常渴望有一天可以過著百萬富翁的生活，但是自己卻不知道，自己從出生到現在，已經從一個讓自己感到委瑣、無能的人手裡拿走一百萬美金，自己還給他的只有不滿、抱怨、鄙夷。但是，他一直對自己的無知、傲慢，沒有一點微詞。

「父親，我會讓你過富裕的生活！」柯維抱著父親痛哭。老柯維拍拍兒子的肩膀說：「兒子，爸爸想要過富裕的生活，早就過了，不必等你長大以後。父親把錢花在你身上，從來沒有想過要你償還。要說回報，只有一個——希望你可以成為父親的驕傲。因為你不僅僅屬於父母，還屬於全世界！」

經過那一次與父親的對話，柯維徹底的瞭解父親，也徹底的明白自己應該做什麼——他要成為父母的驕傲。放蕩無羈的他，重新回到課堂上，拿到學士、碩士和博士學位，成為家人的驕傲。

父母付出那麼大的代價，幾乎是他們的全部，僅僅有一個要求——讓兒子成為自己的驕傲。這個要求高嗎？可是現在的年輕人，是怎麼對待父母的付出？成為他們的驕傲嗎？不要總是抱怨社會不公平，我們曾經公平的對待自己的父母嗎？

就像老柯維說的一樣，我們不僅僅屬於父母，還屬於全世界。把世界放在一邊不說，我們做什麼選擇的時候，要想想父母的感受，問問自己，父母希望我們做這樣的選擇嗎？我們這樣選擇，是父母的驕傲，還是父母的恥辱？

「殺人償命，欠債還錢」是天經地義的事情。別人向我們借錢，還不起也沒關係，只要他努力奮鬥，把還錢這件事放在心裡，當作人生的頭等大事對待，我們就會寬容他。我們無法容忍別人欠我們錢，自己卻花天酒地，過著奢侈糜爛的生活，因為這是對我們信任的一種褻瀆。

在我們出生之前，父母很自由，很會享受生活，並非像他們現在這樣乏味。他們變成今天這個樣子，是因為這幾年，他們一直為我們付帳單，為我們洗衣服，聽我們談論自己是多麼的酷，被我們用謊言騙走他們的血汗錢，滿足我們一文不值的虛榮心。

父母撫養我們是應該的，我們成為父母的驕傲更是應該的。因為，這是世界上最偉大的無私。用我們的自私，回報父母的無私，是一種犯罪。

己所不欲，勿施於人。這個「人」也包括我們的父母。我們不希望朋友欺騙我們，我們就不要欺騙自己的父母。做我們應該做的事情，即使無法成為父母的驕傲，也要讓父母看到，我們一直為成為他們的驕傲而努力。

Counsel 8

Your school may have done away with winners and losers, but life has not. In some schools, they have abolished failing grades; they will give you as many times as you want to get the right answer. This doesn't bear the slightest resemblance to anything in real life.

你的學校也許已經不再分好學生和壞學生，但是生活卻仍然在做出類似區分。在某些學校，已經不再留級；只要你想找到正確答案，學校就會給你無數的機會。這和現實生活中的任何事情，沒有一點是相似之處。

卑賤貧富，是自己的選擇

我們赤裸裸的來到這個世界的時候，都是一無所有、一無所知。三十年後成為窮人或是富人，是我們自己的選擇。

——張禮文

在高中，只要是正常的孩子，都知道讀書的重要性。大學入學考試，考上什麼學校，是自己人生的關鍵轉捩點，何去何從，決定我們一生的命運。

那個時候，和我們一樣的同學有很多，同在一個學校，一個教室，接受同一批老師的教育，學同樣的東西，在同一天考試，答同樣的試題，結果卻不一樣，有些人考上一流大學，有些人名落孫山。

選擇用什麼態度面對大學入學考試，直接關係到我們考上什麼學校。考上什麼學校，直接關係到自己後半生的幸福。為此，不用任何人督促，很多孩子廢寢忘食的學習，早起晚睡，把時間和精力都用到極限。

因為努力程度的不同，大學入學考試後的那年秋天，我們不得不接受一個殘酷的現實：有些人進入一流大學，有些人進入普通學校。

到了大學以後，很多聰明的年輕人卻失去目標。在同一所大學裡，無論我們的學習成績如何優秀，或是投機取巧剛剛及格，結果並不像高中畢業那樣涇渭分明，都是拿到同樣的畢業證書。只要是同一科系的學生，畢業證書只有照片、姓名、性別、年齡的差異，其餘的，全部相同。

只要成績及格，不違反學校紀律，以什麼態度讀大學，結果都是一樣。兩個同一所大學、同一個科系、同一年畢業的學生，拿著同樣的畢業證書，只要他們不說話、不做事，誰也看不出兩個人有什麼差別。

現在的大學，特別是世界級名校，已經高度重視學生的心理健康，逐漸減輕學生的學習壓力，為學生提供自由、輕鬆、寬廣的學習空間，以增強學生的想像力和創造力。他們採取具體的措施就是：不再分好學生和壞學生，即使有些學生經常蹺課，不努力學習，也會給他們很多補考的機會。

但是，任何良好的環境和條件，如果不知道合理的利用，有也等於沒有。現在二十幾歲的大學生，心理狀態不是很成熟。由於大環境的影響，各種腐化、墮落、頹廢、享樂的生活方式，更容易讓這一代的年輕人接受。他們把這些當作是一種時尚、浪漫、個性解放的象徵，爭相效仿。

這就導致在高中成績非常優秀的年輕人，在大學裡失去奮鬥的目標。把大學混完，成為他們在大學的主要生活，不分晝夜的玩網路遊戲，不停的尋找精神和肉體上的刺激，以為這就是最理想的生活。反正畢業證書一定可以拿到手，畢業之後再考慮其他事情也不遲。

「讓你感覺良好的大學教育培養出一代不知道現實為何物的年輕人，這種教育只會導致他們成為現實中的失敗者。」微軟每年都派出龐大的徵才隊伍，到世界各個知名大學尋找自己需要的人才，面試眾多的應屆畢業生。比爾・蓋茲說出這樣的話，絕對不是空穴來風，應該是一種無奈的感嘆。

也不能怪年輕人，每個人都年輕過，都為年輕付出過代價。成年人也是在這個過程中，使自己逐漸成熟。但是，每個人為年輕付出的代價不一樣，最終導致他們在社會上扮演的角色、所在的位置也不一樣。

隨著社會文明的逐漸加深，人類也進入高度發展的階段。世界是平的，人與人是平等的。國籍、地域、種族的差異，都在不斷的淡化，乃至消除，每個人都成為值得尊重的個體。人與人，不再有卑賤之分。

人雖然沒有卑賤之分，但是不等於人與人在各個方面真的平等，各種殘酷的競爭依然存在，而且越演越烈。世界是平的，會使世界上所有從事同一職業的人與我們競爭。既然是競爭，就沒有最好，只有更好，成功和失敗在所難免。

現在的競爭，大的方面是資源的競爭、科技的競爭，小的方面是能力的競爭、意識的競爭。每個人都是競爭的參與者，都是競爭結果的承受者。競爭的結果，產生貧富之分。

社會文明讓人與人之間不再有卑賤之分，但是競爭的結果卻產生窮人和富人。金錢和財富，蘊涵著巨大的改變力量，不管我們如何鄙視它。

其實，生活就是一次次的大學入學考試，我們做了什麼準備，就會有什麼人生。沒有人規定我們今生卑賤貧富，那是我們自己的選擇。我們選擇做一個窮人還是一個富人，別人無法阻擋。

我們是窮人還是富人，有沒有改變社會、改變別人的力量，是我們自己的選擇。不是社會讓我們成為窮人或是富人，接受別人的改變或是改變別人，而是我們用自己行動的選票決定的。

自己沒有優勢，永遠沒有機會

與其做一棵綠洲中的小草，還不如做一棵禿丘上的橡樹。

——比爾・蓋茲

美國的年輕媽媽在寶寶小時候，經常會給他們講一個故事。

小狗湯姆到了賺錢養家的年齡，媽媽讓他出去找工作賺錢。湯姆看到媽媽年邁體衰，已經失去工作的能力，就爽快的答應。湯姆來到人才市場，四處寄出履歷，卻沒有一家公司願意聘用他。

忙碌了一天，湯姆沒有得到一個面試的機會。他不得不垂頭喪氣的回到家裡，對媽媽說：「媽媽，也許我真的是一個一無是處的廢物。我寄了那麼多的履歷，對工作要求那麼低，還是沒有一家公司願意聘用我。」

媽媽看著心灰意冷的湯姆，覺得很奇怪，問：「你沒有找到工作，你的同學蜜蜂、蜘蛛、百靈鳥和貓呢？他們都找到工作了嗎？」

湯姆嘆了一口氣，說：「他們都找到工作了！蜜蜂因為擅長飛行，被一家航空公司聘為空姐；蜘蛛因為從小就玩網路，被一家跨國IT公司聘為網路工程師；百靈鳥因為歌唱得好，與一家唱片公司簽約，不久就要推出自己的專輯；貓善於抓老鼠，被一家倉庫聘為保全。和他們比，我沒有任何專長，又沒有接受高等教育的經歷和文憑，所以找不到工作。」

媽媽繼續問：「馬、綿羊、母牛和母雞，他們都沒有上過大學，都沒有找到工作嗎？」

湯姆慚愧的說：「他們雖然沒有文憑，但是他們還是可以為公司提供別人不能提供的服務。馬可以拉著戰車征戰戰場，綿羊可以生產羊毛，母牛可以產奶，母雞會下蛋。我是一條狗，做什麼都不行，誰會花錢養我呢？我什麼優勢也沒有。」

媽媽想了一下，說：「你的確不是一匹拉著戰車飛奔的馬，也不是一隻會下蛋的雞，但是你也有他們不具備的優勢，那就是忠誠。雖然你沒有受過高等教育，本領也不大，可是，你的天性讓你永遠不會背叛自己的主人。記住我的話，兒子，只要自己有優勢，就不怕沒有機會。你只要向社會上展現自己的優勢，就會有證明你存在價值的舞台。」

湯姆聽了媽媽的話，使勁的點頭。

後來，正是因為湯姆比其他動物都忠誠，被一個大富豪聘為私人總管，幫助富豪打理私人生活。

美國的媽媽講這樣的故事給孩子聽，就是讓孩子從小就明白一個道理——無論我們有什麼家庭背景，受過什麼教育，只要自己有優勢，在社會上就有證明自己存在價值的舞台。

在現實社會中，對年輕人來說，不要說創業機會、發財機會，就連簡單的就業機會都成為稀有資源。大學畢業之後，可以順利的找到一份理想的工作，就足以謝天、謝地、謝人。

面對這種尷尬，我們不得不反思，是社會上的人才已經飽和，還是我們自己有問題？

微軟從一九七五年的兩個人，到二〇〇八年八萬多人；從當初只聘用程式設計師，到現在各種人才全部聘用，平均每年有兩千多名新員工加入。對微軟這個靠技術打天下的公司來說，最寶貴的不是技術，而是人才。微軟最值得驕傲的是已經擁有一大批傑出的人才，最缺少的也是傑出的人才。

很多中小公司，最煩惱的也是找不到自己需要的人才。應徵的時候，一天會有幾百個人來面試，卻無法選出一個來之能戰、戰之能勝的員工。既看不出這些人有什麼明顯優勢，也看不到有培養的價值。老闆就像一個饑餓的人走進自助餐廳，卻找不到適合自己胃口的菜。

一方面是公司找不到自己需要的人才，一方面是年輕人找不到適合自己的工作，問題出在哪裡？問題的癥結就在於，很多年輕人沒有明顯的優勢和特點。沒有優勢，在就業市場上不可能得到機會。

很多父母對孩子說得最多的一句話就是：「你現在的任務是讀書，只要把書讀好，現在喜歡做的事情，等大學畢業再做也不遲。」孩子從小學一年級到大學畢業，生活中唯一的任務就是讀書，拿到畢業證書。孩子人生中的所有問題，都是在大學畢業之後才開始。

考大學、讀大學，成績優異是一種優勢。但是，讀大學絕對不僅是為了拿到高分，高分只是代表把書上的知識掌握得很好。現在是知識更新速度非常快的時代，新技術、新問題層出不窮，書上的知識掌握得再好，也無法解決社會上的新問題。高分無法代表高學問，學問高無法代表能力大。

為了考大學、讀大學，年輕人把自己變成與社會的絕緣體，把自己的天賦、興趣、愛好全部扼殺。這也是家長和學生的無奈，沒有一張大學文憑，社會就會把年輕人逼得喘不過氣。

上了大學，拿到畢業證書不再成為問題的時候，就需要我們利用這段時間，找回自己的天賦、興趣、愛好。在與自己同一屆大學生形成的這塊草坪上，自己要提前成為一棵樹。

任何優勢都不是一天形成的，都有一個孕育、培養、發展、壯大的過程。一滴水，在任何地方都沒有優勢，但是一杯水、一公升的水、一池的水、一湖的水，就有它的優勢。最後形成河流、海洋，就會氣吞萬里、橫掃一切。

比爾·蓋茲就是一個利用一切機會，把自己的興趣、愛好變成巨大優勢的人。十三歲的時候，他寫出第一個程式；讀法律系以後，他對電腦技術依舊執著，利用各種機會做他的小生意。一個小孩子寫出的程式算什麼？一次賺幾千美金的生意算什麼？但是，這些都是孕育成微軟帝國的一個細胞，微軟帝國只不過是這個細胞不斷繁殖的結果。

因此，比爾・蓋茲才有資格對年輕人說：「挑選一個你認為真正可以在這裡做出獨特奉獻的領域，你將享受為它而工作的每一天……從非常小的事情開始。」

在大學裡，我們應該在學好專業課程之餘，在自己的能力之內，想辦法找一件事情做，這件事並不是揮霍青春、遊戲人生。先確定自己喜歡並且想進入的行業，想辦法接觸這個行業，看看可不可以做兼職的工作，就算是沒有回報的小事，也值得一做。

不要認為自己能力不夠，也不要擔心自己做不好。即使我們做的十件事全部失敗，也是有收穫的，最起碼可以讓我們知道自己的不足，要做成這件事還需要什麼條件，還要做什麼準備。

什麼事情，做過就比沒有做過有優勢。一個成功人士的優勢，也不是一天兩天、做一件事兩件事形成的，都有一個循序漸進、由小到大的過程。如果我們在大學利用三年的時間去接觸一個行業，最起碼會接觸到這個行業中的很多人。可以認識很多人，就是一種優勢。

現在很多公司的業務都實行社會化，需要一些兼職的人員。大學生應該隨時關心一些人力網站，和自己想進入的行業的相關公司，有沒有適合自己做的兼職工作。做兼職的工作不應該以賺錢為主，也不是什麼兼職的工作都做，應該有選擇性，不是和自己的興趣有關，就是和自己的發展方向有關。

大學生本身就是一種優勢，允許我們接受任何的失敗，這是畢業以後的人不具備的。我們拿一份自己的履歷去一家公司應徵，公司要不要接受我們，並不是我們真正需要的，我們需要的是面試的經歷——成功或是失敗的經歷。如果我們可以免費或是以很低的薪水為他們提供一些服務，他們應該會考慮的。

總之，利用大學四年的時間，力爭比那些被大學圈養生活打發的人多經歷一些事情，並且透過做這些事，形成自己與他們的競爭優勢，引起其他公司的注意。

任何機會，都屬於有優勢的人。有優勢的人，比沒有優勢的人更善於認識機會、把握機會。

永遠都要快一步

不要把在學校的時間長短與學問的高低混為一談。有些人讀了很多書，也沒有什麼學問；有些人讀的書不多，但是學問卻非同小可。

——諾貝爾經濟學獎得主　傅立曼

現在有三個問題需要年輕人思考：

一、在大學裡，除了專業課程的學習和復習之外，還有一部份時間，我們用來做什麼？

二、學位和機會，哪一個更重要？

三、如何保證畢業就可以就業，或是創業？

不要覺得這些問題距離我們還很遙遠，其實，這些問題就在我們眼前，很快就會逼著我們去面對。我們有權利不想這些問題，但是無法躲避這些問題。

思考這三個問題的同時，我們再把自己上大學當作到軍隊服役四年的士兵，四年之後，要參加一場戰爭。

父母在我們入伍以前，告訴我們，只要當兵，好好的在兵營裡服役，升了士官，就會在未來的戰爭中，性命無虞、生活無憂。在兵營裡，我們只是練習基本教練、接受槍械使用基本常識的教育。沒有人告訴我們戰場是什麼樣子，更沒有實戰演練的機會。儘管我們是士兵，卻沒有看過槍，更不知道戰場上流血犧牲是怎麼一回事，總是僥倖的認為：只要自己畢業，就可以在未來的戰場上戰功顯赫，說不定還可以混到一個將軍。

和平年代的士兵是沒有戰爭意識的，不知道自己要為未來的戰爭做什麼準備。我們在兵營裡，根本聞不到硝煙的味道，雖然我們是士兵，卻總是覺得戰爭距離我們非常的遙遠，甚至與我們無關。於是，我們不是按部就班的參加基本教練、翻閱槍支使用手冊，就是連基本教練的訓練都不參加，反正也沒有人管。

四年過後，戰爭突然出現在我們面前，硝煙瀰漫、戰車轟鳴、子彈橫飛、殺聲震天，幾乎沒有正義和非正義，任何人都是我們的對手。我們的對手，都是有實戰經驗的老兵，手裡拿著步槍等殺傷力極大的先進武器。這些人最大的特點就是：對戰爭的瞭解非常透徹，可以熟練的使用身上任何一件武器，更可怕的是，他們久經戰鬥洗禮和錘鍊，善於捕捉最佳的戰機，知道如何保護自己、如何射殺對手。

我們手裡只有沒有經過校正、射程不遠、殺傷力不強的手槍，還不能熟練的使用。我們好像是在睡夢中被推上戰場，傻呆呆的站在戰壕外面，想打擊敵人，卻不知道敵人在什麼地方。好不容易看到一個敵人，想要舉槍射擊，又發現身上根本沒有子彈。

會有這樣的戰爭嗎？我們會成為這樣的士兵嗎？會，一定會。如果我們對之前的三個問題從來沒有思考過，也沒有為這三個問題採取具體的行動，大學畢業後的社會就是我們的戰場，我們就是戰場上不知道如何戰鬥的士兵。

有些人會說，作為大學生，首要任務是讀書，掌握一定的專業知識，順利的拿到學位，才是最應該做的事，否則就是不務正業。這麼說，一點也沒有錯，學生的首要任務就是學習。但是，大學裡的學習範圍不僅僅是專業知識，還包括社會上的實戰知識。學習的目的是為了實戰，也應該在實戰中學習。不經歷實戰獲得的學位，是灌水的學位。

有些人會說，我們根本沒有參加實戰的機會，大學根本沒有為我們提供機會。這個問題很容易解決，如果把自己畢業的時間提前到明天，就知道自己應該做什麼。我們想參加戰鬥，隨時都可以參加，學位證明不是參加生活戰鬥的資格證明。生活中的戰場，永遠不保證一定可以進入。

一九七三年，出生在英國利物浦市的科萊特，以優異的成績被哈佛大學電腦系錄取。一年以後，他和一個十八歲的來自西雅圖的美國小伙子，因為都非常喜歡電腦，兩人成為好朋友。那個青年學的是法律，卻對數學和電腦特別著迷，看起來有一點不務正業。

科萊特曾經多次提醒朋友，應該把精力放在自己的專業知識上，畢業以後成為一名好律師，律師的待遇也不錯，電腦的未來屬於電腦系的學生，可是那位固執的青年根本不把他的話當一回事。

大二那一年，讀法律系的小伙子和他商議，一起輟學，異想天開的要去開發 32Bit 財務軟體，因為新編的教科書中，已經解決進位制路徑轉換的問題。

科萊特對朋友的建議感到荒唐至極，他好不容易才考上所有學生心儀的哈佛大學，哈佛大學的畢業證書，可是比一個合作者重要得多。對 Bit 系統，教授默爾斯博士才知道一點皮毛，學生想要去開發，癡人說夢！科萊特認為，即使要開發 Bit 財務軟體，拿不到博士學位是絕對做不到的，就果斷的拒絕好朋友的邀請。

數年以後，科萊特拿到哈佛大學電腦系的碩士學位的時候，那位在大三放棄學位的小伙子，在這一年的美國《富比世》富豪榜上有名；一九九二年，科萊特獲得博士學位，那位小伙子的個人資產已經達到六十五億美金，僅次於華倫・巴菲特，成為美國第二大富豪；一九九五年，科萊特認為自己已經具備研究和開發 32Bit 財務軟體的能力和條件的時候，那位小伙子已經開發出 EIP 財務軟體，它比 Bit 快一千五百倍，在兩週內佔領全球市場。這一年，他成為世界首富。

這個小伙子就是比爾・蓋茲。

在哈佛大學拿到博士學位的科萊特，恐怕今生永遠都趕不上在哈佛大學三年級就輟學的比爾・蓋茲。他們的選擇都沒有錯，之所以比爾・蓋茲「混」得比科萊特好一些，那是他知道自己要生活在未來的戰場上，要在這個無法迴避的戰場上取得勝利。對他來說，在戰場上只有勝利或是失敗，那裡沒有人問殺手是否擁有持槍證。

從比爾・蓋茲一九七五年創立微軟，到二〇〇八年他離開微軟，從來沒有說過學歷不重要。他當時之所以放棄哈佛大學的學位，是因為他看到個人電腦稍縱即逝的商機。這個機會，比哈佛大學的學位更重要。

為什麼比爾·蓋茲可以看到這個機會？因為那個時候他已經是一位出色的電腦專家。從中學到大學，他一直在關心電腦的發展，並且一直參與電腦軟體的開發和編寫工作，還有經營公司的經驗。

比爾·蓋茲十五歲的時候，就到當地一家電腦公司打工。這家電腦公司倒閉以後，他悄悄的買下該公司有價值的電腦磁片，不久之後，比爾·蓋茲賣了磁片，小賺一筆。

隨後，比爾·蓋茲和保羅·艾倫設計一種分析紙帶記錄的電腦程式。為此，他們專門成立公司，雖然這次創業因為政府的政策調整而不了了之，但是比爾·蓋茲和保羅·艾倫還是賺了二萬美金。

此後，比爾·蓋茲又與朋友合作成立公司，業務範圍包括設計課程表、進行交通流量分析、出版烹飪全書……這個公司承接湖濱中學四百多名學生的課程表設計程式工作。

在比爾·蓋茲進入哈佛大學就讀以前，還到華盛頓特區做過眾議院服務員。在幾個月的工作過程中，比爾·蓋茲又一次顯示卓越的商業頭腦。他以每枚五美分的價格，買進五千枚麥戈文紀念章。當麥戈文把伊格爾頓擠出總統候選人名單的時候，比爾・蓋茲以每枚二十五美金的價格，出售這些日漸稀少的像章，從中賺了幾千美金。

進入哈佛大學這個兵營之前，比爾・蓋茲已經多次參與生活戰場上的戰鬥，並且有所斬獲，從一個孩子成長為職業殺手。對於一位殺手來說，殺死對手的機會，才是最重要的。

在戰場上，適當的把握戰機，遠比兵將的多少重要。

在生活中生存的真本事，不是父母教的，不是老師傳授的，而是我們的競爭對手傳授給我們的。只有置身於戰場，才會使我們成為一個真正的戰士。

我們在兵營裡學習基本教練、接受槍械使用基本常識的空閒之餘，自己還要單獨練習擒拿、格鬥、野外生存、各種槍械實彈射擊，隨時的到戰場上感受一下……總之，在我們走上戰場之前，要成為一個職業殺手。

自負會蒙住左眼，享樂會蒙住右眼

網路上，流傳著一個故事：

哈佛大學畢業的喬治，一生窮困潦倒。五十歲的時候，一無所成、一無所有，鬱悶而死。死後，他在天堂遇見上帝，他向上帝抱怨：「主啊！在我五十年的人生中，做你的虔誠信徒四十年，可是你卻很不公平的對待我，把機會都賞賜給不信仰你的人。儘管我一次次的虔誠祈禱，你都視而不見、充耳不聞，從來不賞賜一個像樣的機會給我，使我空有才華卻平庸一生。」

上帝翻了一下機會帳本，說：「不會吧！你的祈禱我都聽見了，也按照你的要求給你機會，我這裡都有記錄！」

喬治說：「我一直祈禱你給我機會，讓我成為ＩＴ帝國的帝王和世界首富，擁有八萬名員工和幾千億資產的跨國公司，擁有豪華別墅、私人飛機和遊艇……你什麼時候給我機會，讓我實現這些宏偉的目標？你把這樣的機會都賞賜給根本不相信你存在的比爾‧蓋茲！」

上帝說：「不能這麼說，我給過你機會。不過，你把這樣的機會，讓給比爾‧蓋茲那個小子。機會一旦離開我，就不再受我的控制，我也沒有辦法收回來。誰可以把握，就是誰的。」

喬治說：「我怎麼可能把這樣的機會讓給比爾‧蓋茲？絕對不會！上帝，你對我開的玩笑已經夠多了！」

上帝看到喬治不相信，就開啟時空隧道，把一九七五年喬治的生活重現。

畫面裡，喬治與比爾‧蓋茲一起在哈佛大學的宿舍裡打撲克牌。這個時候，保羅‧艾倫拿著那一年一月號的《大眾電子學》進來，把雜誌遞給喬治，他說上面有關於電腦新發展的消息。喬治隨手一翻，不耐煩的說：「這種雜誌你也看啊？跟你們在一起真無聊，我要去找我的女朋友跳舞！」喬治隨手把雜誌扔給比爾‧蓋茲，然後扭著肥胖的屁股離開。

喬治走後，比爾・蓋茲撿起那本雜誌，認真的閱讀，他立刻被一篇關於第一台個人電腦的報導吸引住。

當晚，喬治與女友在舞廳玩到深夜，及時享樂的畫面讓現在的喬治都感到不好意思。另一個畫面，看完報導的比爾・蓋茲在床上輾轉反側，思索著電腦將來的發展趨勢和自己並不感興趣的法律。最後，他做出輟學的決定，他要開創自己的公司。比爾・蓋茲與保羅・艾倫在家人不理解、在同學的冷嘲熱諷下，創辦只有兩個人的微軟公司。

上帝關閉時空隧道，對身邊的喬治說：「那本雜誌就是我給你的機會，希望你看到以後，可以做出正確的選擇。可是你卻把那本雜誌扔給比爾・蓋茲。」

喬治抱怨的說：「這不能怪我，當時你也沒有提醒我，要不然我一定會仔細閱讀那本雜誌。當時大學生都像我那樣生活，很少會有人把精力放在課業上，更不會考慮大學畢業以後自己要做什麼。上帝，如果我大學畢業之後，在電腦公司上班，你要是再給我一個機會，我會錯過嗎？年少輕狂，誰不會犯錯啊？」

上帝沒有說話，又把時光隧道打開，讓時光回到一九八〇年。那個時候，喬治已經成為一家IT公司的經理，坐在寬大的辦公桌後面，叼著煙斗，翻看當天報紙的娛樂版。上帝化作公司裡的員工，敲了半天門，才聽到喬治允許進入的聲音。

上帝對喬治說：「經理，我們應該開發電腦作業系統，一旦我們開發成功，前景無限啊！」

喬治瞥了一眼上帝，十分不屑的說：「我是老闆，還是你是老闆？有沒有搞錯啊？輪得到一個小員工對公司的經營方向有意見嗎？不要說作業系統，就連軟體我都不想開發。知道為什麼嗎？它只是電腦的附屬品，沒有電腦，再好的軟體也沒有用！我們現在要生產電腦，要生產比IBM公司、蘋果公司更好的電腦！」

結果，喬治生產出來電腦的銷量，連IBM的零頭都沒有，當年就破產了。

上帝又讓喬治看另一個畫面，那是微軟公司裡的一個場景。那個時候，微軟公司正在開發網路作業系統的軟體Windows NT，第一個版本不成功，第二個版本也不成功，第三個版本依然失敗。比爾・蓋茲坐在辦公室裡的椅子上，不停的搖晃著。

上帝又化作一個員工，走進比爾・蓋茲的辦公室，對比爾・蓋茲說：「我們花了這麼多的時間，付出那麼大的代價，三個版本都失敗了，我們真的有必要做下去嗎？這個不可預知的軟體市場，對微軟真的那麼重要嗎？我們是不是要考慮放棄？」

比爾・蓋茲斬釘截鐵的說：「不，絕對不能放棄，一定要做下去，我確信沒有錯。微軟已經錯過好機會，沒有及時把產品向網際網路延伸過去。現在廣大的用戶對網路有強烈的需求，我們不開發這個，要開發什麼？」

第二天，比爾・蓋茲讓更多的部門停止開發其他的產品，集中人力，開發和網路有關的產品。

上帝關閉時空隧道。上帝還沒有開口，喬治怨氣更甚：「不，這絕對不能怨我。如果你給我更多的機會，我一定可以把握，我只需要一個機會……」

上帝打斷他的話：「喬治，你錯了。你用自負蒙住左眼，用享樂蒙住右眼，在你的眼裡，你比任何人都高明，你比任何人都會享受。即使我給你更多的機會，你也看不見，更不知道珍惜和把握。在你的生活裡，面子比建議重要，享樂比機會重要。你來天堂的時候，擁有幾百億美金的比爾・蓋茲在做什麼？在全世界做他的慈善事業。對人類來說，他已經成為上帝！」

這是一個很幽默的笑話，但是從這個笑話中，我們可以看出，這個世界從來不缺乏機會，無論在戰爭年代還是和平年代，每一天都有機會。我們為了心中的夢想，一直說：

「只要有一個機會，就會改變自己的命運。」沒有想到，我們說這句話的時候，就有一個機會與我們擦肩而過。

世界之所以有那麼多喬治，卻只有一個比爾・蓋茲，不是偶然，而是必然。這是一個物欲橫流的時代，享樂成為一張無形而巨大的網，把年輕人緊緊的困在網中央。機械而盲目的消費快感，被因為無知而無畏的人推崇著。

我們以為：拿到更高的學位，就比其他人高出一等；在未來的競爭中，就比其他人有優勢，就比其他人擁有更多的機會；只要自己把學位拿到手，那些大公司就會向自己釋出善意。於是，我們認為自己有自負的本錢，可以把自己當作上帝的寵兒，肆意的浪費可以學到更多知識的大學時代。

人一旦自負，而且還沒有自負本錢的時候，自負就會像一塊巨大的絕緣體，擋在我們與未來發展趨勢的面前，讓我們什麼都看不到、感覺不到，以為自己什麼都不缺，只要機會一到，自己就可以成為人中之龍、人中之鳳。

與社會絕緣，當然不會擁有任何機會，因為機會是在社會中某一個角落出現的。從這個方面來說，自負等於自絕。即使未來社會中機會如雨，披著厚厚雨衣的人也不會淋濕衣服。

自負一旦與享樂結合——它們更容易結合在一起，就會像鬼魂一樣，附在一個人身上，讓一個人的靈魂變質。被享樂蒙住右眼而且靈魂變質的人，就是吸食父母心血的魔鬼，無比的自私、貪婪。

明天不是世界的末日，而是被自負、享樂蒙上雙眼之人的末日。

我們都羨慕比爾·蓋茲是一個最有本錢享樂的人，但是這個人在少年時代，就認為人生就是一場正在焚燒的火災。一個人可以做的也必須做的事，就是竭盡全力的從這場火災中搶救一點東西。

現在很多年輕人，都高喊著享受生活。享受生活沒有錯，前提是我們要知道生活是什麼。比爾·蓋茲把生活看作火災，想從火災中搶救一點東西。我們這些崇拜他擁有巨大財富的人，面對這場熊熊燃燒的大火，用自負和享樂蒙上雙眼，走進火場，結果卻被火葬。

Counsel 9

Life is not divided into semesters. You don't get summer vocation off and very few employers are interested in helping you find yourself. Do that on your own time.

生活不分學期。你沒有暑假可以休息，也沒有幾位老闆樂於幫你發現自我。自己找時間做吧！

你用在有意義事情上的時間並不多

如果在我們大學入學那一天，父母送給我們一個本子，要求我們在大學四年期間，把真正用在學習、研究和實踐的時間記下來，總和應該是多少呢？

這個總和一定是很驚人的。相信沒有一個學生這樣做過，因為現在的年輕人，瞭解上大學的作用的人並不多。讀什麼，怎麼讀，父母沒有想過，導師沒有說過，同學之間沒有討論過，幼稚、天真的年輕人怎麼會想到？

沒有一個大學生承認自己幼稚、天真，他們認為只要自己過了十八歲，就是一個成年人，就有權利決定自己做什麼事。

現在的大學生都很忙，但是對於一個被動等待畢業證書、對大學期間沒有系統規劃、沒有明確目標的人，怎麼能做一些對自己未來有意義的事呢？

不僅僅是大學生，包括社會上的每一個人，都應該準備一個本子，先為自己確定一個對人生發展有意義的目標，然後記下為了實現這個目標所花費的時間，直到目標實現。看看自己在一段時間內，真正用在實現目標工作的時間是多少。

有一個島上，就有這樣的風俗。所以，島上的居民每個人的人生目標都非常明確，每個人做事都非常有效率。原因是，他們非常清楚，即使這樣，一生中自己用在做有意義事情上的時間，也是非常有限的。

發現這個島和島上有這個風俗的是一名醫生。

那名醫生乘坐一艘航船去旅行，沒想到在海上遇到颶風，船沉入茫茫的大海。幸運的醫生落水以後，抱著一塊木板在海上漂流好幾天，最後漂到一個小島上。

他被島上的一位老人救起，經過修養調整，身體逐漸康復。有一天早上，他出來散步，沿著一條蜿蜒的小路，走進島上那片茂密的森林。在森林深處的一片空地上，他發現一個由柵欄圍起的精緻庭院，院子裡面是一個個立有墓碑的墳墓，每個墳墓都很乾淨，看來經常有人來這裡掃墓或是憑弔。

這裡恐怕就是島民先祖的墓地。好奇心驅使醫生跨進這個無人看守的院子，逐個觀察每一個墓碑上的碑文。讓他驚訝的是，這裡的碑文都一樣，上面只有一個名字和一段時間，他從來沒有看過哪個墳墓的碑文是這樣刻寫的。

他眼前這塊墓碑上刻著：阿布杜爾塔艾格，活了八年六個月零三天。只活了八年六個月零三天？看來，這是一個孩子的墳墓。醫生的心裡一陣難過，一個孩子這麼小就死了，是什麼剝奪他幼小的生命呢？他又轉向另一塊墓碑，上面刻著：亞米爾卡利貝，活了五年八個月零二十一天。他一連看了好多墓碑，都是一樣的形式。時間最長的只有十一年，最短的僅僅是幾個月。

他沒有心情看下去，望著數千塊墓碑，心裡無比的沉重。他不明白，在這個只有數千人居住的小島上，為什麼會有這麼多孩子早早去世、夭折？這裡究竟發生過什麼事？他決定徹底瞭解這個問題，依靠他的醫術，回報這裡善良的人。

他回到救命恩人的家裡，向老人問起關於森林裡那片墓地的事。醫生問：「島上是不是發生過瘟疫或災難？為什麼會有那麼多的孩子死亡？現在島上的孩子怎麼樣？還有夭折或是早逝的嗎？我是醫生，我一定要幫助島上那些可愛的孩子！」

老人笑著說：「謝謝你，尊敬的醫生，這裡從來沒有發生過瘟疫或災難。從我懂事以來起，島上就沒有一個孩子死亡，島上的居民都非常健康，都可以活到七十歲以上，一百歲的老人非常普遍。說起那個墓地的碑文，那是我們這裡的一個古老的習俗：在一個人十八歲生日的那一天，父母會給他一個本子。從此，每當他做了對人生有意義、有價值的事，就會打開本子，把它記下來。在左邊寫上有意義、有價值的事，在右邊寫上做這件事用了多少時間。例如，他有一個人生目標，為了實現這個目標去做事，每天為了這個目標工作多久時間，直到目標實現，是一個星期還是五個星期；如果他沒有實現那個目標，或是那個目標對他的人生沒有意義，就把他為了實現這個目標耗費的所有時間劃掉。就這樣一點一點的，他在本子上記下他一生做有意義事情的時間。當他離開人世的時候，按照我們的習俗，人們打開他的本子，把這些時間加在一起，算出總和，把這個時間刻在他的墓碑上。在我們看來，這段時間才是真正屬於一個人人生的時間。那個墓碑上刻著十一年的人，是這個島上最大的富翁，那個只有幾個月的人，是接受島民救濟最多的窮人！」

如果我們十八歲的時候也有一個這樣的帳本，現在記上幾筆有意義的事情？為了實現自己的目標，又花費多少時間呢？千萬不要說自己的帳本還是空白。

年輕人不必等到自己人生帷幕落下的時候，再翻看自己的帳本。我們為自己樹立一個目標，以一星期為限，不要刻意的控制自己，自己認為應該做的事情還是要繼續做，看看這個星期內，自己為了這個目標究竟花了多少時間。

這段時間之和，一定會讓我們吃驚。我們怎麼也想不到，自己會為最渴望實現的目標，投入那麼少的時間。從中也會明白，今天應該如何掌控自己的時間和生活，如何把握理智和誘惑之間的衝突，知道什麼應該做、什麼不應該做。這樣，我們的人生即使不成功，也會無悔。

我們認為成功的人，一輩子也許只有做成一件事，在做這件事上花費的時間，總共也不超過十年，甚至是五年。他達到的人生高度，讓我們望塵莫及，但是他剛開始的時候，也是從最簡單甚至一無所知開始，差別就是他堅持每天投入、每年投入，但是我們沒有。這一生中，我們每天拿出半個小時的時間看一種專業書，二十年以後，我們就會成為這個專業的專家；每天花一個小時練習書法，三十年以後，我們就是一字千金的書法家。

如果人生是一部連續劇，相信很多人在暮年的時候，沒有勇氣看自己主演的這部連續劇。劇中的主角，或是什麼都沒有想過，被動著做著別人安排的事，這些事即使做成了，對自己的人生也毫意義。一生中被別人推著、被生活推著，一步一步的挪到劇終。

有些人有夢想和目標，遺憾的是，他們不是沒有為夢想、目標花費時間，就是從來沒有投入。他們把大量的時間和精力，放在毫無價值的應酬、交往、娛樂、瑣事上，就像翻一本無字的書，一頁一頁的翻到最後一頁。

凡是一生平庸的人，不是沒有人生目標，就是從來沒有為自己的人生目標，花費時間和精力。

年輕就是本錢，時間允許年輕人犯錯。但是，年輕人在時間和對人生有意義的事情上，也要精打細算，把我們有限的時間成本，用在人生最值得投資的事情上。

沒有人在乎你對什麼感興趣

你不感興趣的事情，會成為你的工作；你感興趣的事情，會成就你的事業。

——張禮文

有很多人，把工作和事業混淆了，認為工作就是自己的事業。所以，每個人都在談論自己的事業如何。其實，工作和事業是有差別的。

工作，有三個意思。一是指從事體力或腦力勞動，也泛指機器、工具受人操縱而發揮生產作用；二是指職業；三是指業務或是任務。

事業，有兩個意思。一是指人所從事的，具有一定目標、規模和系統而對社會發展有影響的經常活動；二是指沒有生產收入，有國家經費開支，不進行經濟核算的機關和單位。

現在的年輕人經常談到成功，每個人都夢想自己有一天會成功。因為只有成功，才可以擁有夢想的名譽、身份和財富，才可以證明自己存在的價值。但是，有一點要瞭解，所有跟我們有關係的人，都關心我們的工作怎麼樣，不會關心我們的事業怎麼樣，除非我們把工作做成事業。

做什麼事業，跟一個人的興趣有關；工作做得好壞，和一個人的責任有關。沒有人關心我們對什麼感興趣，甚至覺得我們的興趣是旁門左道、不務正業，當然沒有人督促我們考慮我們想做的事業，除非是我們自己。但是，工作不一樣，為了自己的食衣住行，為了孩子老婆，為了老闆的利益，我們不得不工作。即使我們不想工作，生活和生存的壓力，也會逼迫我們工作。

現實，會逼著我們放棄自己的興趣，做自己根本不感興趣的工作。遺憾的是，很多年輕人，因為向現實妥協，不僅放棄興趣，還放棄自我，成為工作的奴隸，變成連自己都討厭的人。

辛苦工作一輩子，為什麼會有這樣的結果？原因就是我們一直在為別人工作，而不是在做自己的事業。事業不只屬於我們個人，還屬於一批人，甚至屬於全社會。所以，做工作和做事業的回報，是不一樣的。

做事業遠比做工作給社會帶來的好處多，最起碼我們做一番事業，就給別人提供就業機會，或是改變一些人的生存觀念和生活方式，對自己、社會好處多多。但是，事實上，在我們對自己的事業感興趣並且採取行動的時候，並沒有多少人注意或是支持，遇到最多的恐怕還是壓制和反對。

在美國，有一位非常著名的畫家，他的每一幅畫，現在已經賣到二十萬美金。他的畫，紛紛被美國上層社會收藏，被認為是有無限增值空間的佳作。

這位家喻戶曉的畫家，從小就非常喜歡畫畫。他從二歲到國中，從來沒有間斷練習畫畫。父母一直反對他畫畫，認為他不應該把大量的精力和時間，花在塗塗抹抹上，而是應該學習法律，因為律師的年薪已經從八萬美金起價。父母經常把他的畫筆扔掉、畫紙撕碎，強迫他做父母認為應該做的事。即使是這樣，他還是每天利用父母不在的時候，畫一個小時或半個小時。

他升入高中，在學校住宿，擺脫父母的監督。他以為自己可以隨心所欲的畫畫，沒有想到，高中的課程比國中多得多，父母和老師一再強調，不好好讀書，就不會考上好大學，找工作就會有問題。

在父母的遙控和老師的監督下，他要用大量的時間讀書。幸好老師不會死板板的看著他，他每天還可以挪出一個小時，用來閱讀有關美術的書籍或是畫畫。由於是高一，老師發現他畫畫的時候，也沒有阻止他。

等到高二、高三的時候，各科都要修滿學分。他本來想報考美術學院，可是父母和老師堅決反對，他們認為美術學院畢業的學生根本沒有出路，連工作都找不到。父母還說，如果他報考美術學院，就和他斷絕關係，休想從他們手裡再拿到一塊錢。

他害怕了，他無法想像沒有父母的支持，自己會變得怎麼樣。父母說的也沒有錯，現在許多美術學院的畢業生，只能到幼兒學校教孩子畫畫。他為了考上一流大學，不得不放下畫筆，在書山跋涉，在題海遨遊。兩年的時間，為了考大學，他幾乎放棄他的興趣。他也認為，先考上大學，再畫畫也不遲。

皇天不負苦心人，他最後考上父母心目中的大學，學的是法律。大學裡，父母管不到，老師不想管，自由的時間非常多。這個時候，他才想起自己畫畫的興趣，一有時間就拿起畫筆，畫他想畫的畫，或是研究一些美術大師們的著作和作品。

大學畢業以後，父母不再供養他，他也不好意思再向父母要錢。為了租房子、吃飯，他必須找一份賺錢的工作。他在一家律師事務所，找了一份律師助理的工作，一做就是兩年。他服務的律師，好像永遠都有打不完的官司。他每天也跟著忙得團團轉，加班也做不完份內的工作。那個時候，不要說畫畫，就連睡覺，都是非常奢侈的事情。

兩年之後，他成為律師，生活也寬裕許多，錢不是最需要的東西。於是，他辭去律師事務所的工作，到一所學校當老師，教授法律課程。這樣做，一是為了收入有保障，二是可以有更多的時間學習畫畫。這個時候，他已經有相當充足的時間畫畫，對畫畫的興趣更濃厚，畫畫的功力更深厚。

但是，學校的校長對他畫畫非常反感，認為他的精力和時間根本沒有放在教學上，而是放在對教學無關的畫畫上。因此，只要他的教學工作稍微出一點差錯，就會受到鋪天蓋地的批評和懲罰。校長認為，對於他這樣拿著全額薪水又不全力以赴的人，就要這樣整治。

校長的刁難、同事的嘲諷，使他再也沒有心情在那裡待下去。那個時候，畫畫已經成為他生命中不可分割的一部份。於是，他辭職了，帶著這幾年的積蓄，背著畫板到各地旅行，過著一種近似流浪的生活。他要在這種無拘無束的流浪中，真正的接近生活、瞭解生活。

三年以後，他結束流浪的生活。他在一個城市裡，租了一間房子，專心畫畫。可是，這三年，他已經花光積蓄，生活非常貧困，不得不一邊畫畫，一邊賣畫，有時候伸手向朋友們借錢維持生活。

朋友們非常不理解他，更不理解他為什麼對畫畫那麼執著，私底下嘲笑他是畫家裡最厲害的律師，律師裡最厲害的畫家。他把自己的作品，送到美術雜誌社的編輯和畫家手裡，人家根本不會正眼看他的東西。

於是，他閉門不出，不再參加任何社交活動，把所有的心思放在畫畫上。這樣，又過了三年。三年以後，他不抱任何希望的把自己的作品，寄給全美國的美術大獎賽評審委員會，沒有想到，他的清新、流暢、富有叛逆精神、自成一家的畫風，打動所有的評審，把第一名頒給他。隨後，又有一位著名的富豪，願意花五十萬美金收藏這幅作品。

記者問他成功的秘訣，他說：「全世界的人都反對你的時候，你也要對自己投下贊成票。這個世界沒有人知道你需要什麼，他們只知道自己需要什麼。你一旦符合他們的需要，就會成為他們的使用工具。」

很多人都是這樣，總是不能按照自己的意願，選擇自己的生活方式。在人生的道路上，步步屈服；為了別人的需要，不斷的改變自己。到了最後，自己對自己都感到陌生。

我們可以無條件的愛別人，但是不可以無條件的接受別人的安排。因為，沒有人可以真正的瞭解我們。我們想要有一個非凡的人生，就要有一個屬於自己的事業。

記住，是事業，不是工作。

善加利用自己的聰明

「聰明」這兩個字，有時候會成為一口深不見底的陷阱，很多人會誤入其中。多用一點，就會過高的看重自己；少用一點，就會過低的看輕自己。

——張禮文

由於社會的發展、醫學的進步，生活水準逐漸提高，父母對生育觀念的改變，早期教育的投入，使得現在孩子的智商普遍提高，導致年輕人的智商比父輩高出很多。

一個人頭腦聰明，是一件好事，在學習、工作上，會有很大的優勢。微軟應徵員工的主要條件，就是：頭腦要足夠的聰明。只有頭腦足夠聰明的人，才有資格加入這個號稱全世界最聰明的人組成的團隊。

微軟之所以有這樣的要求，是因為比爾‧蓋茲認為：聰明的人，可以迅速、有創見的瞭解並且深入研究複雜的問題；善於接受新事物，反應敏捷；可以迅速的進入一個新領域，並且對其做出獨到的解釋；提出的問題可以切入實質、正中要害；可以用最快的速度更新自己的知識，博聞強記，舉一反三……總之，聰明的人，會有很多優勢。

微軟公司應徵新員工的時候，關心的不是那個人掌握多少知識，因為在微軟看來，記住再多的知識，還不如查Google快速而準確；也不是那個人在學校的成績單，拿學校考試的辦法，無法解決生活中的任何問題。微軟需要的人才，必須是最聰明、勤於動腦和思考的人。因為，只有聰明的員工，才會很快的改正錯誤，用各種方法改善工作，節省公司的時間和金錢。

那麼，聰明的人，就可以進入微軟嗎？

聰明的人，就可以在微軟擁有一席之地嗎？絕對不是那麼簡單。微軟是聰明人組成的團隊，也是正確利用自己聰明的團隊。

微軟的員工不僅要聰明，而且還要正直和誠實——對自己、公司、同事、工作、客戶，都要正直和誠實。

現在的年輕人，都非常的聰明，特別是在一流大學裡，聰明的人雲集。但是，聰明可以考上好大學，未必可以把事情做好。年輕人沒有善加利用自己的聰明，不但無法把事情做好，而且還會耽誤自己事業。

在美國，有這樣的說法：哈佛商學院裡的學生，都是美國最聰明的人；西點軍校裡的學生，都是美國最善加利用自己聰明的人。

為什麼有這樣的說法呢？因為可以被哈佛商學院錄取的人，都是美國乃至世界上課業成績最優秀的人。

為什麼說西點軍校裡的學生是美國最善加利用自己聰明的人？因為有人統計過，在最近二十年來，在世界五百大企業中，從美國西點軍校畢業的董事長有一千多名，副董事長有二千多名，總經理或董事也有五千多名。

世界上沒有任何一家商學院，可以培養出這麼多頂級的企業管理人才。

照理說，西點軍校是培養軍官的地方，商學院是培養企業領導人的地方，怎麼會有這麼大的差異呢？

原因就是：商學院的學生，重視的是商業知識和管理理論；西點軍校的學生，重視的是沒有藉口的堅決執行、不惜代價取得需要的結果，責任高於一切的觀念。

哈佛商學院的學生，從中學到大學，一直被人視為最聰明的人，自己也認為自己做事就要與眾不同。

於是，無論他們做什麼事，都習慣找捷徑，標新立異；做一件事之前，習慣衡量成本與利益的比例，在付出與得到之間再三推敲，值得就做，不值得就不做；習慣做什麼事，都要尋找最好的辦法和最好的答案。

他們找不到捷徑，看起來不值得做的事，就會選擇放棄；也因為自己聰明，遇到困難以後總是可以找到說服別人、說服自己的藉口。這樣的聰明人，終究難當大任。

西點學校的學生，身上有三個重要的特點：

第一，信守承諾；

第二，結果第一；

第三，永不言敗。

正是這三個特點，使他們把自己的聰明，用在應該用的地方。他們一旦選擇了，或是接受了，就會把那件事做到最好。

在機會面前，經不起太多的算計。聰明人因為聰明，往往把簡單的事情想得複雜，把結果想到最壞，把得失看得太重，把結果想得太完美，把責任推卸得太巧妙。

但是，聰明的人，一旦這樣利用自己的聰明，就等於讓自己的人生，被聰明葬送。聰明反被聰明誤，就是這個原因。

一八六二年，德國哥廷根大學醫學院的亨爾教授帶了一批學生，每個學生都非常的聰明，天份都很高。

開學不久，亨爾教授把自己多年來發表過的論文手稿全部搬到教室，分給學生們，讓他們重新把那些論文工整的抄寫一遍。

學生們打開教授的手稿一看，發現這些手稿已經抄寫得非常工整，即使他們盡心盡力的抄，也未必有教授寫得好。

再說，他們是來向教授學習新知識的，沒有必要再看一遍已經發表過的論文，也沒有義務做這種毫無價值、枯燥乏味的工作。有抄寫廢紙的時間，還不如發揮自己的聰明才智去研究新的課題。

最後，那一群聰明的學生得出一個結論：只有傻子才會老實的聽糊塗教授的話，才會坐在那裡當免費的抄寫員。於是，他們都到實驗室裡從事研究。

這些聰明人當中，真的有一個「傻子」，他叫科赫。只有他花了半年的時間，認真研究、抄寫教授的論文。直到下學期開學，他才把抄寫工整的論文，送到教授的辦公室。

一向和藹的教授，突然嚴肅的對這個眾人眼裡的「傻子」說：「我向你表示崇高的敬意，孩子，因為只有你完成這項工作。那些我認為很聰明的學生，竟然都不願意做這種繁重、乏味的抄寫工作。」

教授接著說：「我們從事醫學研究的人，不僅需要聰明的頭腦和勤奮的精神，更重要的是，一定要有一絲不苟的精神。特別是年輕人，往往急於求成，容易忽略細節。要知道，醫理上走錯一步，就是人命關天的大事啊！我讓你們抄寫手稿，是給你們學習醫理的機會，也是一種修練心性的過程。」

科赫是一個聰明人，但是他從來沒有認為自己的聰明可以解決任何問題，一直保持嚴謹的學習態度和研究作風。

這種把聰明用在正確地方的習慣，使他發現結核菌、霍亂菌。一九○五年，他因為在細菌研究方面取得卓越成就，獲得諾貝爾生理學與醫學獎。

年輕的聰明人，容易自以為是、狂妄自大、好高騖遠、投機取巧、患得患失、見異思遷、瞻前顧後、推卸責任……即使再聰明的人，犯下這種錯誤，就會導致在錯誤的道路上越走越遠。

聰明的人，一定要善加利用自己的聰明。正確的使用，用在正確的地方，聰明才會為我們造福謀利。

Counsel 10

Television is not real life. In real life, people actually have to leave the coffee shop and go to jobs.

電視並不是真實的生活。在現實生活中，人們實際上必須離開咖啡屋去做自己的工作。

戰勝眼前的誘惑

西元十四世紀，雷力德三世登上比利時地區的帝王寶座。他執政之後，心思沒有用在治理國家上，而是廣招天下各種菜系的頂級廚師進宮，為他做各種美味佳餚，以滿足他的口舌之欲。

雷力德三世對美食的追求，可以說達到無以附加的地步。他把所有的精力，全部放在品嘗美食之上。有些臣工為了討他的歡心，也是絞盡腦汁、挖空心思的尋找、製作各種精美的食物，獻給雷力德三世。只要讓這個帝王吃得滿意，吃得高興，仕途前景一片大好。

雷力德三世吃得很胖，體重超過常人數倍。由於他把所有精力都放在美食上，導致朝政荒廢、官員腐敗、民不聊生，百姓怨聲載道。

雷力德三世的弟弟愛德華，曾經多次勸諫哥哥不要這樣，都遭到無情的訓斥，導致兩個人的衝突不斷增加。最後，愛德華發動政變，把雷力德三世趕下皇位。貪吃的帝王成為階下囚，朝廷臣工對如何處理雷力德三世，有兩種不同的意見。一些人建議立即處死，一些人主張釋放，雙方人數相當，爭持不下。

沒有想到，愛德華在一個城堡裡，建了一座豪華的宮殿，讓哥哥住進去，並且向所有人承諾：如果哥哥可以從那座宮殿走出來，自己就會把皇位還給他，讓他繼續做君主。

這是一座什麼宮殿呢？其實，這座宮殿和正常的宮殿無異，只不過比其他宮殿的門窗略小一些。門窗都不上鎖，殿外也無人看守，肥胖的雷力德三世可以在裡面自由活動。他走出這座宮殿的條件只有一個——減肥，減掉身上的贅肉，使身體可以通過那道門。

愛德華宣佈這個決定，馬上遭到和他一起發動政變的人的激烈反對。在他們看來，只要雷力德三世幾天不吃飯，就可以輕鬆的從那座宮殿裡走出來，繼續他的荒淫無道。擁護雷力德三世的人，高興得手舞足蹈，也認為不用半個月，一切都會因為雷力德三世走出宮殿而改變。

雷力德三世雖然成為階下囚，但是愛德華並沒有改變他的帝王待遇，依然讓原來那些廚師想盡一切辦法為他做精美的食物，甚至比原來有過之而無不及，然後悉數端給雷力德三世品嘗。

雷力德三世開始得知自己恢復權力的條件的時候，曾經暗自竊喜，認為弟弟在政治上還是太嫩了，不就是減肥嗎？有何困難？少吃一點或是不吃，半個月以後，自己就可以跨出這道隨時敞開的門。

可是，各種美食擺在面前的時候，他無法抑制想吃的欲望。於是，他在心裡對自己說：「就吃這一頓，下次不吃了。減肥不是一、兩天的事，也不差這一頓，吃了也不會有什麼影響。」就這樣，每一次他都大吃特吃，對各種美食來者不拒。

三個月以後，雷力德三世的體重不但沒有減輕，反而增加不少，比原來又胖了許多。

這個時候，對雷力德三世減肥抱有希望的人發現自己錯了，就透過各種管道勸說他停止進食或是少進食，走出那道門再吃也不遲。沒有想到，雷力德三世對此視而不見、充耳不聞，他對外面的世界已經沒有興趣。這些人反過來指責愛德華對兄長太不人道，不應該給他提供那麼多美食。

愛德華笑著回答：「雖然哥哥不是皇帝，我保持他的皇帝生活水準又有什麼錯呢？難道你們希望我像對待囚犯一樣對待他？我一沒逼他吃，二沒限制他的自由，只要他想走出那道門，也不是一件難事，一切的決定權在他的手裡，怎麼做都是他的選擇。」

原本想一個月就可以走出無人看守的宮殿的雷力德三世，在那裡一住就是十年，直到愛德華戰死，才被人放出來。然而，這個時候的雷力德三世已經百病纏身，出來以後不到一年，就一命嗚呼。

我們聽到這個故事，都會覺得雷力德三世非常可笑，彷彿自己絕對不會這樣做。事實上，很多人一直這樣做，而且像雷力德三世一樣，不知不覺。

我們每天都面臨許多誘惑，其中一個誘惑——看電視或是上網。誰會把看電視、上網當成一種罪過？恐怕沒有。看電視和上網已經成為我們生活中必不可少的一部份。甚至無法想像，沒有電視，沒有網路，我們的生活會是什麼樣子。

每一天下班之後，或是假日，我們就會習慣的打開電視或電腦，一坐下來可能就是幾個小時，甚至是通宵，進而影響第二天的工作品質。我們曾經在第二天起床的時候發誓，今天再也不要看那麼久的電視、上那麼久的網。然而，到了晚上，上網依舊，看電視依舊。

我們看電視看什麼？看電視連續劇；上網做什麼？大多數人是在聊天、玩遊戲。總之是一句話：不是打發時間，就是被時間打發。

電視和網路，為我們帶來快樂，讓我們深陷其中無法自拔，明知道這樣會消耗我們許多時間，會耽誤學習、工作，甚至是透支健康，可是我們依然樂此不疲。它們對我們來說，就像愛德華送到囚禁雷力德三世宮殿裡的美食，我們因為難以拒絕，所以不想拒絕。

我們在看電視、上網的時候，絕對是快樂的，以至於把什麼都忘記，忘記自己是承載父母一生希望的兒子，忘記自己是一個女孩的終身寄託，忘記自己身上的責任和義務。總之，那個時候的我們，會忘記一切。正是因為忘記，所以我們沒有煩惱，只有快樂。

電視，就是讓我們一直惦記的事；網路，就是讓我們在一張大網中墮落。它們就像電子鴉片，腐蝕我們的肉體和靈魂，微笑著向我們索要時間、精力和健康。電視和網路上的內容再精彩，也不是我們的真實生活。我們真正的角色在現實生活之中，在社會舞台之上。

在虛擬世界待的時間越長，對現實生活就會越無奈；花在電視和網路上的時間越長，對現實生活就越會恐懼。無論虛擬世界如何精彩，也不會提供給我們生活所需的飯票和鈔票。

出現在我們身邊的誘惑，不只是電視和網路。我們並不是不知道自己想要什麼，想做什麼，想去那裡，可是面對這些誘惑，依然駐足。在這個世界上，因為沒有戰勝眼前誘惑而導致滅頂之災的人，數不勝數。對於一個有七情六欲的人來說，每一種誘惑都難以拒絕，因為它可以帶給我們巨大的快樂和快感。

有些年輕人會說：「我們覺得很無奈、很無助，我們需要精神寄託。我們已經工作得很累，生活得很辛苦，只有在電視和網路上，才可以讓我們稍作停留。」

姑且無論這種說法是不是正確，再來看下面一個故事。

在澳洲海洋中，生活著一種魚類，名叫虎紋鯊，又名鳥鯊。牠們之所以被人們稱為虎紋鯊，是因為這種鯊魚的身體表面和老虎皮相似。之所以叫牠鳥鯊，是因為牠以捕食海鳥為生。

鳥鯊在捕食的時候，會將自己的脊背露出水面，身體自然的漂浮在海上，隨著海浪漂動。不仔細看，和漂在海上的爛木頭一模一樣。那些在海上飛累的海鳥，正在四處尋找落腳之處休息，看到這塊「爛木頭」，沒有多想就在上面休息，並且慶幸在茫茫大海中，還有這樣一塊讓疲憊的自己感到愜意的地方。

鳥鯊一旦感覺到有獵物落在身上，就會緩慢的將尾部沉入海中，逼迫海鳥不得不向鳥鯊的頭部移動。

慢慢的，慢慢的……只要海鳥挪動到鳥鯊的頭部，鳥鯊就會以海鳥來不及反應的速度，一口將海鳥吞入腹中！那些在為疲憊之時找到一塊爛木頭休息而高興的海鳥，就在快樂中成為鳥鯊的腹中之物。

想想看，我們像不像在海上飛得疲倦的海鳥？電視和網路像不像浮在海面的鳥鯊？非常像。製作電視和網路的人，之所以把內容製作得具有難以抵抗的吸引力，目的就是為了我們認為它就是我們可以歇腳的爛木頭。我們在爛木頭上停留的時間越長，停留的人越多，他們賺的錢就會越多。

我們的精彩，在人生的舞台上，不在虛擬的世界裡。我們今牛不是為了當一名觀眾，而是要成為精彩劇情的主角。

說和做，永遠都是兩件事

在家長無微不至的呵護下，在老師嚴規鐵律的限制下，我們作為社會的新一代，一直都在規規矩矩的成長著。然而，等到大學畢業的時候，卻發現曾經對自己感到非常滿意的自己，不知道除了讀書還可以做什麼事。不知道自己可以做什麼事，是因為自己從來就沒有想過要做什麼事。

不瞭解自己真正的需要，不瞭解社會的真正需要，是我們這一代人的典型特點。因為我們從出生開始，一直被「計畫」著成長，只有一個方向，只能向前。當我們走到十字路口的時候，迎面而來的卻是一片茫茫的大草原。

大草原上，似乎沒有道路，似乎哪裡都是道路，只要自己走下去，我們的後面就會形成道路。這對於在引領、扶持狀態下長大的孩子，面對一片沒有腳印的前方，還可以走得毅然決然嗎？不可能。長輩們教導我們，做任何一個選擇，都不能輕率，要做充份的調查，要經過成功可能性的論證，要尋求經驗豐富的人的指導，才可以減少失敗或是避免失敗。

別人的成功經驗對我們來說，真的有用嗎？書上的成長原則，對每一個人都行之有效嗎？我們在思考這個問題之前，先看一則故事。

三個平時關係非常要好的結拜兄弟，不小心一起掉進井裡。井非常深，三個人在井下做出多種努力之後，均告失敗。生命垂危之時，有人聽見他們的呼救，把一根繩子扔下來。他們求生心切，同時抓住繩子向上攀爬。

三個人好不容易爬到一半，聽見上面的人大喊：「繩子太細了，先下去一個人，不然你們誰也上不來。」

三個人絕望了，怎麼辦？誰都想爬上去，誰都不想看著好朋友死。幾秒鐘以後，其中一個體力差、認為自己爬不上去的人鬆開手，把生存的機會留給好朋友。

朋友的死，讓兩個人悲痛萬分，咬牙繼續向上爬。爬到距離井口還有三分之一的距離的時候，上面的人又大喊：「繩子快斷了，只能拉一個人上來。」

就快要到井口了，誰再回到井底，根本不可能有生還的機會。兩個人的想法是一樣的，誰也不像第一個人那麼慷慨。上面的人不停發出警告，但是兩個人都不願意鬆手。生與死，就差這幾步，誰會心甘情願的放棄？

在上面的人發出最後一次警告的同時，爬在上面的人連猶豫都沒有猶豫，一腳就把下面還在考慮的朋友踹下去。

對於這個非常簡單的故事，每個人都有自己認為正確的說法。

哲學家說：「第一個人雖然死了，卻還活著；第三個人雖然活著，卻已經死了。」

佛學家說：「放下即是得到。第一個人放開繩子，得到昇華；第三個人抓住繩子，卻最終墮落。」

基督教徒說：「第一個人升入天堂，第二個人進了墳墓，第三個人下了地獄。」

商人說：「第一個、第二個人死了，第三個人最終爬上去了。」

成功學家說：「為什麼不一個一個的爬上去？不行嗎？」

故事就是故事，故事是用來讓人們思考的；現實就是現實，是要人們正確選擇、正確面對。理想和現實總會有很大的差距，說永遠比做容易。在沒有巨大利益衝突的面前，每個人都會謙讓，但是一旦處於生與死的選擇上，是非就不會那麼鮮明。

任何一件事情，從不同的立場、不同的角度去分析和判斷，結果就會不一樣。立場、角度、觀點，都不是一成不變的東西，每個人都會因為價值取向的變化，不斷的調整自己的取捨。

我們的父母、老師總是向我們強調一些對不對、好不好的甄別方式，書上、電視上也在不停的向我們灌輸正義與非正義的論調。這些都在潛移默化的影響我們的選擇、判斷和行為。

不得不說，一些建議和忠告可以讓我們受益終生，但是一些看起來非常正確的指導，卻成為植入我們骨髓的精神垃圾，會成為一種無形的羈絆，阻礙我們的成長和成功。

井下的三個好朋友，如果井下的條件允許他們再堅持一會兒，他們就不會一起抓住繩子；第一個人很偉大，把生存的機會讓給朋友。不過，還有一種可能，如果他的能力比那兩個人強，活下來會給社會帶來更多的福址，另外兩個人卻成為家人和社會的負累，第一個人的偉大犧牲，就是一種遺憾。

剩下的兩個人，如果都不鬆手，繩子就會斷，兩個人只有一個結果——同時落水死亡。還有，如果我們是其中一個人，自己會不會鬆手？如果不會，就不要做任何關於是非的評判。先前的對錯原則，在那一刻都會失效。

有一些事情，我們怎麼做，可能是錯的，也可能是對的。因此，我們沒有做一件事情之前，不要輕易的說對還是不對，好還是不好。我們不能被書上的教條、理論所限制，不要不根據實際情況，死板的執行自己的發展計畫。任何一個不做調整和改變的計畫，都不是科學的計畫。

這讓我們聯想到，在我們畢業的時候，不能輕易的根據以往的價值取向，把自己限制住，也不能輕易的為自己列一些教條的計畫，死板的執行。也不能死等，等自己認為條件具備再去做，等我們有百分之百勝算的把握，別人早就已經捷足先登。

二十世紀七〇年代，在美國加州薩德爾鎮有一位名叫法蘭克的年輕人，因為家境貧寒，只好輟學到芝加哥謀生。他在芝加哥城內找了好幾天的工作，都被拒絕。走投無路的時候，才發現在大街上擦皮鞋也可以賺一點錢。於是，他買了一把鞋刷，替別人擦皮鞋。法蘭克擦了半年皮鞋，賺來的錢，僅僅可以維持生計。如果自己不節儉，根本無法存錢。他發覺這樣下去不行，就在擦皮鞋的同時，尋找其他賺錢之道。

他發現賣冰淇淋的成本不高，利潤不小，馬上租了一間小店，一邊賣冰淇淋，一邊替別人擦鞋。沒有想到，副業的冰淇淋生意，比主業擦鞋賺得多。於是，他又開了一家小店，同樣是賣冰淇淋。到後來，他專門從事冰淇淋的零售批發業務，越做越大。如今，法蘭克的「天使冰王」冰淇淋，在美國冰品界已經成為超級航空母艦，佔據美國市場七成的佔有率，四千多家連鎖店遍佈全球六十多個國家。

和法蘭克同時到芝加哥謀求發展的還有一個人，名叫斯特福，他是洛磯山脈附近的比林茲人，父親是一個農場主人，很富有。為了讓兒子成為美國最成功的商人，父親把斯特福送進商學院學習，並且拿到MBA學位。

就在法蘭克被生活所迫在大街上替別人擦鞋的同時，斯特福拿著MBA學位，住進芝加哥最豪華的飯店，委託多家市場調查公司，調查芝加哥各個行業的市場潛力。最後，斯特福對耗資數十萬、歷經一年多時間得到的各個行業的市場資料，進行精確的分析，得出的結果是：賣冰淇淋最賺錢。法蘭克此時已經擁有數家冰淇淋專賣店。

斯特福把自己要開冰淇淋連鎖店的計畫告訴父親的時候，父親堅決反對，他認為擁有MBA學位的人去賣冰淇淋是一種恥辱，會讓所有人恥笑。斯特福看到父親這麼反對，也猶豫了，但是再次運用他的專業知識對市場前景判斷以後，還是覺得賣冰淇淋成本最低、利潤最大。一年以後，斯特福終於說服父親，準備投資打造冰淇淋連鎖店。此時，法蘭克的冰淇淋店，已經成為無法戰勝的航空母艦，遍佈全美國。斯特福已經無法與法蘭克在冰淇淋市場上抗衡，最後只好放棄。

任何成功都不可或缺的條件就是膽識。想要把一件事做好，膽識產生關鍵性的作用。很多事情不是我們不能做，也不是我們做不好，只是我們不敢做。在沒有做一件事情之前，裡子面子來回考慮，成敗得失再三掂量，無形中就會把負面的東西誇大。沒有做之前，就背上很多包袱。

作為年輕人，無論什麼時候，都不能把自己的命運交給別人安排，哪怕是上帝。再好的計畫和安排，如果不實施，也是一張廢紙、幾句空話。想做的時候就去做，才是走向成功的開始。

只有爭取，才會得到

從幼稚園到中學，在我們接受的教育中，「讓」是提及最多的字眼，一直被教導：強的要讓弱的，大的要讓小的，晚輩要讓長輩。總之，讓是一種美德、一種風度。於是，在我們成長的過程中，就有耳熟能詳的「孔融讓梨」、「退避三舍」、「退一步海闊天空」的諄諄教誨。我們逐漸習慣以讓為榮、以爭為恥。即使爭，也不敢理直氣壯。

讓，確實是一種美德。在每天親密接觸的電視裡，也是不厭其煩的向我們傳達做人要禮讓的訊息。所有的電視劇，反面人物總是一爭再爭，爭到不擇手段，正面人物總是一讓再讓，讓到家破人忘。

如果我們一直被動的接受這樣的引導，忍和讓，就會成為我們為人處世的準則。這對別人會是一件好事，但是對我們自己，特別是我們的未來，是一種剝奪。

不能不說，這樣的引導和教育，無形中就是一種善意的閹割。因為世界已經是平的，全世界的人都有機會和我們競爭。在激烈的競爭中，讓，可以讓出什麼呢？職位、財富、市場？到目前為止，沒有聽過《富比世》富豪榜上的哪一個人，是靠讓而榜上有名。那些人，都是競爭的高手、妙手，甚至是黑手。

社會已經越來越擁擠，每個人都需要機會。沒有機會，就不可能實現自己的夢想。這個時候，我們如果愚昧的堅持讓，只會使自己在最需要的機會面前，錯過或是路過。

美國的媽媽經常會講一個故事給孩子聽，故事的內容和「孔融讓梨」正好相反。美國的媽媽告訴孩子，在一切機會面前要爭、敢爭、能爭、會爭。不爭，什麼都不會得到。

從前有一個特別安分守己的人，他從小就認為爭是可恥的、不道德的。他對什麼事情都主張讓，認為讓才是紳士的風度。

上學的時候，他是任何同學都可以指揮的人，叫他做什麼就做什麼，從來不會說「不」，無論他人的要求如何的不合理。這個人生活的哲學就是：寧可天下人負我，我不能負天下人。大學畢業以後，他去了幾家公司應徵，只要一看應徵的人很多，他就轉身離去，因此，他一直找不到工作。

最後，他找到一個在郊外看倉庫的工作。因為那個工作薪水低，交通非常不便，沒有人願意去。在倉庫附近的村子裡，他的軟弱是出名的，每個孩子都可以要求他買糖果和玩具，同事可以強迫他掏錢買酒，他都一一照辦。就連倉庫門口的乞丐，在他值班的時候，都敢大搖大擺的進倉庫偷東西。他覺得那些乞丐很可憐，不忍心阻止。儘管他是同事心目中的老實人，從來不和倉庫附近的居民發生衝突，公司還是把他辭掉了。

這個人一直找不到女朋友，靠著政府的救濟，窮困潦倒的活到五十歲就死了。因為他一生中沒有做什麼壞事，被允許進入天堂。可是他來到天堂的門口，卻發現門口早已經排起長長的隊伍，每個人都在著急的等候進入。

他是後來的，自覺的站在隊伍的最後。過了幾天，他才發現，即使在天堂的門口，那些獲得進入天堂資格的人，也有很多素質低、品格差的人。這些人為了早日進入天堂，總是厚著臉皮，以強凌弱，不講秩序的插隊，甚至破口大罵、大打出手。

他對這些人的行為嗤之以鼻、不屑一顧。他認為，既然可以來到天堂的門口，都是有身份、有素養的人，怎麼不能讓一下呢？早進一會兒又會怎麼樣？晚進一會兒又會怎麼樣？有什麼好爭的？於是，他老實的站在後面排隊，靜靜的等待。

排隊的人很不自覺，好好的隊伍經常亂成一團，排隊的秩序每一天都被擠亂許多次，他總是被別人擠到最後。即使隊伍不亂，也經常有素質低、非常自私的人插隊。到後來，新來的人竟然恬不知恥的跟他商量，說自己有急事，求他把他的位置讓給他們。他看到求他的人很可憐，就把自己的位置讓給別人，自己再回到隊伍的最後。到後來，他成為天堂門口出了名的好人，不想求他的人都來求他讓位置。

他實在沒有想到，在近在咫尺的天堂門口，他排隊就排了幾個世紀，還永遠排在隊伍的最後。曾經求過他的人，都來天堂好幾次了。第一次的時候，還求他讓位置；到最後，都變成毫不客氣的直接命令。

他對這些人的做法，也會感到憤怒，但是憤怒歸憤怒，既不表現在臉上，更不說出來，只是在心裡抱怨幾句，依然對別人的要求百依百順。

有一天，一個天使到門口視察。他下定決心，想要反映自己的情況，卻一直在猶豫，擔心自己沒有把好人做到底。最後看到天使要離開的時候，他才壯著膽子，低聲問：「尊敬的天使，我已經在這裡站了幾百年，為什麼還不能進入天堂？」

天使驚訝的看著他：「你在這裡站了幾百年？怎麼會這樣？你跟我去見上帝，他對什麼事都清楚。」天使把他帶到上帝的面前。還沒有等天使介紹他的情況，上帝就直接問他：「你就是那個在天堂門口站了幾個世紀的人吧？天堂不適合你，你還是下地獄吧！」

他實在沒有想到，自己善良、謙讓、等待的結果，卻是下地獄。對此，他非常的失望，不顧一切的質問上帝：「你不是總是對我們說，天堂是善良、仁慈的人的最終歸宿嗎？」

上帝說：「沒錯，但是天堂裡的位置很有限，你的善良和仁慈已經獲得來到天堂門口的資格，能不能進入天堂，取決於你是否積極爭取。只有地獄的大門敞開，裡面的位置無限，你什麼事都不用做就可以輕鬆的進去，那裡適合你這樣的人！」

社會，對年輕人來說，是一些人的天堂，也是一些人的地獄。每個人都想上天堂，誰也不甘心下地獄，怎麼辦？取決於我們做什麼事，給他人帶來什麼服務，可以服務多少人，為社會創造多大的價值。天堂，是我們積極進取、努力奮鬥之後的認可和回報，不是社會和他人的無償饋贈。

比爾・蓋茲在年輕的時候，就深切的感覺到，「人生就是一場正在焚燒的火災。一個人可以做的也必須做的事，就是竭盡全力的從這場火災中搶救一點東西。」試想，大火在眼前熊熊燃燒的時候，我們站在一邊無動於衷，或是觀看別人奮力從火場中搶救出什麼寶貝，結果是什麼呢？

結果不外乎兩個：一是我們被大火燒死；二是我們一輩子兩手空空。

人生和人生中的機會，都禁不起任何等待。作為年輕人，必須意識到，人生是短暫而不可重來的。我們必須增強自己的競爭意識、頑強的鬥志、成功的緊迫感，在有限的人生當中，利用自己可以把握的機會，毫不猶豫的做更多對自己和別人都有意義的事，明白的拒絕生活中無聊、頹廢、荒唐的誘惑，進而主動的進入自己的天堂，而不是被動的被時間推進地獄。

我們可以選擇做一個善良的人，但是善良和軟弱是不同的概念。只有我們擁有能力和財富，善良才會發揮真正的作用。善良的弱者只會是社會的包袱，被動的蠶食別人創造的財富。這種善，是一種偽善。

隨時保持最佳的工作狀態

在日本的孩子當中，流行一種叫作「生存」的卡片遊戲。卡片上有老虎、狼、狗、羊、雞、獵人等圖案。幾個人玩這種遊戲，就用幾副牌。把幾副相同的牌摻雜在一起，依次拿牌，然後再依次出牌，誰可以吃掉對方的牌，誰就有出牌權。誰的牌先出完，就算誰贏。

這種遊戲有一點類似撲克牌，但是又與撲克牌不同。撲克牌誰大誰小是固定的，而且大牌永遠壓得住小牌。日本這種「生存」紙牌，卻有與此不同的遊戲規則，拿的牌即使不好，也有可能贏。

老虎在遊戲中是最大的牌，任何一張單獨的牌都可以吃，但是兩張獵人牌一起出，就可以吃掉一張老虎牌，一張獵人牌可以吃掉一張狼牌，但是兩張狼牌一起出，就可以吃掉一張獵人牌。最不可思議的是，在每個人手裡的老虎牌和狼牌全部被吃掉以後，一張羊牌就可以吃掉一張狗牌，兩張雞牌就可以吃掉一張羊牌。

羊可以吃掉狗，雞可以吃掉羊，太不符合邏輯吧？在日本人看來，這是成立的。他們認為，如果虎和狼消失了，狗就會放鬆警惕，把自己置於安逸和放鬆的享樂狀態中。這個時候，警覺的一隻羊就可以吃掉牠；兩隻弱小的雞團結在一起，也可以消滅養尊處優的羊。

一直保持危機意識的日本人，想透過遊戲告訴孩子兩個生存法則：一、任何一個團隊都會戰勝一個個體，團隊的力量永遠都比個體的力量大；二、無論是動物還是人，一旦喪失危機意識和競爭意識，都會養尊處優、萎靡倦怠，進而走向頹廢甚至滅亡。

比爾‧蓋茲是把這個遊戲在生活中玩得最好的人。儘管他已經是世界首富，他的微軟是世界軟體行業的龍頭，但是他並沒有因為自己足夠的強大和富有，產生一點點鬆懈。他隨時讓自己、員工處於臨戰狀態。三十多年來，他一直對自己和員工強調：微軟離破產的時間，只有十八個月。

比爾‧蓋茲在任的時候，每天晚上都會習慣的問自己：「是不是做錯什麼事？對於今天發生的每件事，是否都做了縝密的思考？它是否會是致命的一擊？事情不斷的變化，誰處於領先地位，誰又做了什麼？」這位世界上最富有的人，為了讓自己隨時擁有最佳的工作狀態，從來不會因為無關緊要的事情，讓自己鬆弛、放縱片刻。哈佛商學院的案例曾經這樣描述他一天的情景：「比爾・蓋茲好像就住在辦公室，他每天上午大約九點來到辦公室，就一直待到半夜，休息時間似乎就是為了要吃披薩。」

看到這裡，我們是不是應該自我反省呢？我們沒有工作的時候，在做什麼事；有工作的時候，又以什麼態度對待工作？

看看美國、日本的職棒球員，二軍球員的訓練，比一軍球員刻苦得多。照理說，作為二軍球員，沒有太多的比賽，薪水拿得少，沒有必要拼命的訓練，但是他們不是這麼想。他們認為，自己之所以在二軍，是因為自己不具備參加一軍球員比賽的能力，就要刻苦訓練。最重要的一點，他們隨時讓自己保持最佳的狀態。一旦一軍某一個球員狀況不好，教練就會把二軍技術好、狀態好的球員拉到一軍頂替。他們還知道，一軍的職業球員，沒有一個敢鬆懈，不會輕易讓出位置。這樣一來，他們上場比賽的機會少之又少，如果不隨時為上場做準備，無法把握上場比賽的幾分鐘，就可能永遠待在二軍。

我們沒有工作，就像沒有比賽任務的二軍球員。這個時候，我們要比有工作的時候更積極的熟悉自己的專業、注意業內的發展動向、與業內人士保持聯絡、充份瞭解自己心儀公司的需要……這樣，我們才可以儘快的找到工作。一旦獲得工作的機會，短時間內就可以做出卓越的業績。

無論我們在學校的成績如何優秀，出了校門就是沒有拿過槍、不知道戰鬥為何物的新兵。即使我們是一位優秀的員工，七天長假之後，也一樣要花一個星期的時間，才能找回真正的工作狀態。

現在，很多公司在招聘新員工的時候，非常注意一個細節——來應徵的人，是否失業的時間過長。他們根據經驗認為，失業時間長的人，以往累積的人脈會喪失，曾經擁有的客戶會轉移，個人的工作能力無法恢復到原來的水準。

一九四二年的冬天，一支英軍和一支美軍同時接到盟軍司令部的命令，要求英軍從地中海沿岸、美軍從紅海東岸同時出發，向駐紮在北非的一個德國軍營挺進，解救被關押在納粹集中營的五百多名英國軍人和北非土著。

英軍接到命令以後，穿過一片叢林，渡過尼羅河，一路上超乎尋常的順利，既沒有預料中的敵軍阻擊，也沒有狼群野獸的騷擾，甚至連道路都非常平坦。為了和美軍同時到達目的地，他們刻意在路上多休息幾次。

美軍從紅海東岸起程以後，就遇到難以想像的困難，他們為了在規定時間內到達目的地，要穿過很大一片沙漠，渡過一條沒有橋的河流。倒楣的是，德軍還在他們的必經之路上，設置兩道封鎖線。封鎖線上，碉堡林立、戰壕縱橫。美軍挖空心思、想盡辦法，用最小的傷亡代價，突破被敵人認為固若金湯的兩道防線。

剛剛突破第二道防線，疲憊不堪的美軍將士正準備休息的時候，希特勒安置在蘇丹東部的一個突擊營向他們撲來，他們不得不拼命還擊。他們現在只有兩個選擇，一是消滅敵人，一是被敵人消滅。還好，他們消滅敵人，最後連一口氣都不敢喘，連夜行軍。

十天以後，美、英兩支部隊按時抵達各自的陣地，同時向阿爾及利亞東部的德軍駐地發起猛攻，都遭到德軍的死命抵抗。最後，美軍消滅阻擊他們的德軍，迅速進入集中營，成功的救出關在那裡的人，帶著他們按照英軍的進軍路線安全撤回。

誰也沒有想到，一路上異常順利、沒有損失一槍一彈的英軍，遇到德軍的時候，英軍還沒有做好戰鬥的準備，倉促迎戰的士兵根本沒有進入作戰狀態。德軍只用一次猛烈的衝鋒，就打得兵強馬壯的英軍潰不成軍，戰鬥力喪失殆盡。將士們無心戀戰，各自四處逃散。他們不但沒有完成自己的使命，還給疲憊的美軍增加負擔。

為什麼疲憊的美軍可以漂亮的完成任務，安逸的英軍為什麼會潰敗？原因只有兩個字：狀態。始終處於最佳戰鬥狀態的美軍，損失的是體力，但是神經一直繃得很緊，隨時在尋找戰勝強大敵人的弱點。一路順暢的英軍，把戰場當作自由市場，各方面都很鬆懈，對兇猛的敵人沒有做任何準備，只能被動的挨打。

我們這一代人，對戰場的感觸不深。那麼，我們來看看賽場。在NBA的球場上，我們經常會看到不在狀況內的籃球明星，傳球失誤、投籃不中、球被抄截，而且還不斷的犯規。最終，導致其他隊友士氣低落，使比賽過早的進入垃圾時間。這就提醒我們，在工作的時候，要始終保持自己最佳的工作狀態，隨時擁有明確的解決意識、沒有任何藉口的執行能力，簡捷、快速的為公司提供正確的答案。

那麼，什麼會影響我們的工作狀態呢？事實證明，長時間沉迷於電視和網路；生活紙醉金迷、腐化墮落；非工作性質的透支體力和精力；長時間不鍛鍊身體；工作消極被動、應付湊合等因素，都會使我們喪失良好的工作狀態。我們想要成為一流的球員，就要想盡辦法，使自己一直處於最佳的比賽狀態，戰無不勝，攻無不克。

Counsel 11

Be nice to nerds. Chances are you will end up working for one.

善待乏味的人。有可能最後你會為一個乏味的人工作。

嘗試接受與你不同的人

在一座廟裡，胖和尚和瘦和尚一起修佛。因為胖和尚出家早，自認為比瘦和尚悟性高，所以總是瞧不起瘦和尚，經常和別的和尚說瘦和尚是到廟裡混飯吃的，根本不是為了修行，因為瘦和尚經常在參禪打坐的時候睡覺；出門的時候，眼睛還盯著婦女看……總之，在胖和尚的眼裡，瘦和尚根本不配當和尚，更不配和自己在一個廟裡修行。

有一天晚上，胖、瘦兩個和尚被方丈派到廟門口值更，兩人一左一右站在廟門口。半夜時分，瘦和尚突然感到腳底一陣劇痛，用手一摸，腳底起了一個很大的水泡。他一瘸一拐的到門房裡取來蠟燭一照，原來腳被蠍子螫了。

盛怒之下，瘦和尚提著燈籠出來，在門口不遠處找到那隻蠍子，他撿起一塊石頭，想把牠砸死。胖和尚奪過石頭，大聲訓斥：「先行者在求道的時候，不惜拋頭顱、灑熱血，甚至以恭敬心割髮佈施、為善知識鋪平道路；或是投崖飼虎、割肉餵鷹，以護持不退之菩提心。你不過是被蠍子螫一下，就動殺生之念，和屠夫有什麼差別？出家人應該以慈悲為懷，不可以隨便殺生，還是放牠一條生路吧！」說完，胖和尚就向蠍子連念阿彌陀佛，保護牠逃進草叢。

第二天，胖和尚跟眾和尚說瘦和尚昨天晚上想殺生的事。眾和尚紛紛指責瘦和尚俗念未了，六根未淨，犯了殺戒，還聯名上書方丈，要求剝奪瘦和尚的和尚資格，轟出山門。方丈聽了他們所說的理由，低吟著說：「欲除煩惱須無我，各有因緣莫論人。」然後，再也不說話。

七天之後的一個晚上，又輪到胖、瘦兩個和尚一起到廟門口值更，胖和尚在門口還沒站穩，就慘叫一聲，一屁股坐在地上。瘦和尚趕緊拿來蠟燭，胖和尚不顧疼痛，翻身站起，搶過蠟燭四處尋找，發現那隻蠍子，二話不說，一腳就把那隻蠍子踩得稀巴爛。

同一隻蠍子，螫了瘦和尚的腳，胖和尚就對瘦和尚想殺生的行為無限上綱，訓斥指責；螫了自己的腳，卻殺之而後快，根本不需要任何理由。看來，即使是一件相同的事情，發生在別人身上和發生在自己身上，自己的感受和行為是不一樣的，甚至是相反的。

這絕對不只是一個故事。在生活中，那個胖和尚極有可能就是我們自己。誰人背後不說人，誰人背後無人說？我們在閒暇之時，不也和別人談論某人無聊、乏味、小氣、虛偽和自私嗎？習慣利用任何機會取笑、挖苦、諷刺那些人嗎？甚至對其進行打擊、報復！

我們經常這樣做，習慣這樣做，還理直氣壯的認為，自己就是正義的化身，代表真知灼見。對於齷齪、卑鄙、心理陰暗的小人，絕對不能心慈手軟。

我們真的像自己認為的那樣，在什麼事情上都永遠正確嗎？別人真的像我們說的那樣糟糕嗎？未必！社會上的人和事，本身都是一道多解的方程式，每個人都代表不同的利益集團，都習慣趨利避害。自己的情況不同、立場不同、目的不同，對於同一時間、同一地點發生的同一件事，做出的選擇就會不同。

任何的是非對錯，都是人為的強加。瘦和尚被蟄，想要打死蠍子，胖和尚當然無法體會瘦和尚的痛苦和憤怒，可以肆意指責。等到蠍子蟄了自己的腳，就暴跳如雷，也沒有那麼多講究。事情沒有發生在自己的身上，就不能盲目、草率、輕易的對當事人的行為，做下結論。我們應該從當事人的角度考慮，給予力所能及的支持和幫助。

物以類聚，人以群分。我們在一個團體裡，總會有性格、喜好、價值取向相同或相近的人，我們與這些人很容易成為朋友，建立親密的關係；也會有與我們各個方面截然相反的人，感覺和這樣的人相處很乏味、很無聊，就會習慣的把這樣的人視為異己，討厭並且排斥，老死不相往來。最可笑的是，還把與這種人交往當作是自己的恥辱，經常找機會與這種人過不去。

我們這樣做，不覺得有什麼不對，也不覺得有什麼損失，其實不然。我們刻意與別人為敵，是迫使別人與我們為敵。多一個朋友，多一條路；多一個敵人，多一道牆。我們不能因為圖一時之快、逞一時之能，無故的為自己製造原本不應該出現的麻煩。

就像故事中的方丈所說的一樣：欲除煩惱須無我，各有因緣莫論人。我們之所以對別人感到無聊和乏味，是因為「我」在我們的心目中，被看得神聖不可侵犯，我們的「目標」卻被忽略。我們都是為了自己的「目標實現」而努力，也是透過目標的實現，來證明「我」。過度的重視「我」，而忽略「目標」，煩惱當然會席捲而來。

美國海軍陸戰隊，有一個排分成三組執行任務，十個人一組。其中一名戰士，找到排長請求換組，排長問他要求換組的理由。

這名士兵說：「因為我認為，我所在小組的那些士兵，各方面的能力都非常差，和他們在一起，我們無法完成任務。我要求換到其他兩組。」

排長聳聳肩膀，說：「很遺憾，我本來想把你分到另外兩組，可是他們說你是能力太差的人。就連你所在的小組，也不是非常的歡迎你，我和其他九個人溝通好久，他們才同意讓你參加他們的小組。現在你有兩個選擇，一是退出這次行動，二是馬上回去感謝那九個人給你立功的機會。」

我們總是習慣以己之心，度人之腹，以為自己的需要與好惡，別人也應該如此。待人處事總是以「我」為出發點，一旦無法得到良好的回應，就會武斷的認為對方不知好歹，寧可放棄自己的目標，不願意與其合作。

要知道，我們不喜歡別人的同時，別人也會厭惡我們。只有我們無條件的喜歡、接受別人，別人才會無條件的喜歡、接受我們。美國教育學家布克・華盛頓說：「**我不會讓別人拖垮到讓我憎恨他。**」我們有什麼理由，因為別人而放棄自己的目標呢？

我們作為社會中的個體，總是要在一個家庭、一個團體裡存在，在實現自己人生「目標」的過程中，不可能不與別人發生關係。水至清則無魚，人至察則無徒。每個人的成長背景不同，生活習慣不同，宗教信仰不同，人生經歷不同，素質高低不同，價值取向也不同。與有各種各樣差異的人，在一起學習或工作，就要互相瞭解、包容、接受和支持，絕對不能以自我為中心，強迫別人對什麼問題都要與自己保持一致。

強迫別人與自己保持一致，或是強迫自己與別人保持一致，都是非常危險的。即使是自己的妻子或是孩子，他們在我們的面前，也有絕對自由的選擇權利，更何況其他人呢？

我們經常說：「己所不欲，勿施於人。」這句話的意思是說，我們不喜歡的事物，不能強加給別人，這是對的。但是，我們喜歡的事物，就可以強加給別人嗎？也不可以，別人沒有為我們做出改變的義務。

一定要記住：想要被別人接受，就要先接受別人。

每個人都有自己的選擇標準

美國《探詢者》雜誌為了做一次關於人性的調查，邀請一位略有名氣的女模特兒配合，在一條車流量非常大的馬路旁，進行一次精心設計的試驗。

這位女模特兒二十二歲，身材窈窕，相貌出眾，性感十足，媚力無限。雜誌社的編輯讓她扮演社會中五種不同的女人，在同一地點，手舉「停車」的牌子，等候救援，以驗證開車的男人對不同女性同樣要求的反應。

第一次，她梳著披肩長髮，戴著眼鏡，穿上套裝，以上班族的模樣站在那裡，著急的向過往的車輛搖著手裡的牌子，雜誌社的人在暗處統計時間。在九十秒內，七十輛各種不同的汽車從她的身邊經過，但是只有一輛卡車停下來，詢問她需要什麼幫助。

第二次，她穿上孕婦裝，把肚子墊得高高的，吃力的搖著牌子。一百五十秒內，有一百五十輛車經過。無論她怎樣哀求和呼喊，沒有一輛車停下來。

第三次，她裝扮成一個老太太，戴上灰白的假髮，駝著背，弓著腰，哆哆嗦嗦的站在那裡，還不停的咳嗽。五分鐘內，有二百多輛汽車經過，只有一輛車停下來。

第四次，她裝扮成一個新潮的龐克族，戴上爆炸式的彩色假髮、遮住半個臉的大墨鏡，上身穿花襯衫，下身穿破了幾個洞的牛仔褲，翹著腳，吹著口哨，拿著牌子對著開過來的車輛不斷的搖著。結果在十五分鐘內，有二百七十輛轎車、摩托車、貨車經過，竟然沒有一輛車停下來。

第五次，她露出原本的面貌，一頭金色的長髮，穿著粉紅色小背心，再搭配一條超短迷你裙，顯得兩條圓潤、嬌嫩的大腿超乎尋常的長。她嫵媚的站在路邊，牌子還沒有舉起來，就有二輛車在她的身邊停下來，兩個司機殷勤的願意為她免費效勞。

這是一次隨機的實驗，證明每個人在不同人的同等需要面前，會有截然不同的反應。這次實驗，很真實的反映人性的幾個方面。如果把這個故事放在網路的論壇上，意見會壓倒性的一致。很多人會抨擊、批評那些從吃力的孕婦、年邁的老太太身邊經過，但是視而不見、無動於衷的人，也會辱罵那兩個見到性感小姐就大獻殷勤的好色之徒。在網路上，這種代表正義、正直、善良的人，數不勝數，但那只是在匿名的網路上，大義凜然也不過是敲幾下鍵盤，做正人君子和卑鄙小人，都不需要付出任何代價。這也是雜誌社選擇在生活中而沒有選擇在網路上調查的原因。

說和做，永遠是兩件事。現實永遠都是殘酷的，每個人都有陽光和陰暗的兩面，無所謂偉大和渺小。很多人在不同的場合下，都會選擇認為最利己的角色；也會為了更好的獲得，扮演不同的角色。

雜誌社的編輯對此次實驗做了結論，大致有以下幾個方面：

一、對高高在上的強勢人群，人們習慣採取敬而遠之的態度。

二、每個人都不希望別人成為自己的麻煩，或是自找麻煩。

三、對特立獨行的人，普通人難以接受。

四、可以給人帶來愉悅和快樂的人，很多人願意接觸。

五、在生活中，你扮演的角色不同，被人接受的程度也會不同。

六、別人都有可能會用你不願意接受的態度對待你。

我們在社會上行走，極有可能是那名女模特兒扮演的五個角色的其中一個，或是讓人感覺無法靠近，或是成為別人急於甩掉的負擔和包袱，或是最受別人歡迎的人。別人如何對待我們，取決於我們扮演的角色。不要期待別人應該做什麼選擇，那是別人的事。

在生活中，我們處於強勢還是弱勢呢？如果有幸處於強勢，也應該放下自己的身段，為人處世低調一些，不要讓人感覺無法靠近。每個人的容忍度都是有限的，沒有人希望別人對自己頤指氣使，強迫自己做違背自己真實需要的選擇。這樣，我們會把朋友變成對手，把對手變成敵人。由朋友演化而成的對手，更容易抓住我們致命的弱點。

無論我們如何成功，都要儘量把遇到的每 個人當作朋友，把對手當作隊友。只有彼此相互幫助、相互提攜，路才會越走越寬，錢才會越賺越多。

如果我們不幸是一個弱者，就不要期待遇到的人都是好人、都是願意無償幫助我們的人。如果世界上的人，都是我們心目中的標準好人，這個社會永遠不會有衝突和歧視，永遠不會有人與人之間的冷漠與荒蕪、猜疑與嫉妒。

社會上總有形形色色的人，素質低下的還是大多數。凡是事業成功的人，在他們處於弱勢的時候，不僅善於和他們志同道合的人相處，更可以和他討厭、憎惡的人相處，而且相處得比朋友還要好。這不涉及人品的問題，而是個人成長和發展的需要。我們想要有所成就，就必須學會和我們討厭的人、憎惡的人和平相處，甚至從他們身上學到我們需要的知識和經驗。

社會中的弱者，都是自尊心極強又極度自卑的人。別人無意間的一言一行，總會覺得意有所指。如果無法得到宣洩和解脫，還會產生激烈的行為。

別人瞧不起我們，是因為我們還不具備別人瞧得起的本錢！想要改變別人對我們的看法和定位，只有我們做得比他們好，取得他們無法取得的成績，用自己的實力去說服他們。要記住，實力和能力，永遠都是一個人行走世界的萬能通行證。在靠實力說話的社會中，只有具備相當強大的能力和實力，才可以在一個行業裡具有發言權。那個時候，我們根本不需要別人的肯定，也不會在乎別人的否定。比爾・蓋茲永遠不會在乎別人說他是一個窮人，哪怕他真的身無分文。

身為弱者，別人以什麼態度對待我們，並不重要；重要的是，我們以什麼態度對待別人。別人具備的東西我們不具備，不要嫉妒；別人用三天就可以輕鬆完成、我們用三十年也未必實現的事情，不要說不公平。在這個世界上，公平對於我們而言，是相對的而不是絕對的。所以，我們想要活著，或是想要活得好，唯一的辦法就是：主動的適應社會，適應身邊的人，適應很多不公平的事情。

當然，在這個階段，我們一定要知道自己處於什麼位置，要到什麼位置上。在這個過程中，我們需要透過什麼犧牲、達到什麼目的，一定要清楚。

所以，無論我們現在如何，都不要因為別人的選擇利己而樂觀，也不要因為別人的選擇損己而悲觀。我們應該學習坦然面對，做最好的自己。

作為年輕人，我們不僅要學習別人的優點，還要包容別人的不完美。我們只有在尊重別人的種種選擇之後，才會更灑脫的面對那些乏味的人和無聊的事，然後讓心靈取得平衡，把自己最應該做的事情做到完美。

不要在乎你不需要的東西

老山羊傾家蕩產，供兒子讀完大學。小山羊從小到大，都是出名的好孩子，老實、勤奮、善良、單純，富有正義感。他原本以為大學畢業之後，就可以找到高薪的工作，償還讀書的時候欠下的債務。可是，小山羊在畢業之後的一年內，換了三家公司，都不如意，最後在家待業。

他失業的主要原因，不是認為老闆的管理能力差、親小人而遠君子、唯利是圖，就是厭惡同事鉤心鬥角、爾虞我詐，老闆拋出一根沒有肉的骨頭，就會搶得頭破血流。為了自己的一點利益，沒有不能出賣的人。小山羊認為與這樣的動物為伍，是一種痛苦、一種折磨、一種恥辱。

家裡已經一貧如洗，三餐難繼。儘管小山羊每週都拿著履歷去人力市場，但都是乘興而去，敗興而歸。他感興趣的公司，對他不感興趣；公司對他感興趣，他卻瞧不上。就這樣，高不成低不就，混了一段時間。

老山羊的表弟黑熊，是森林刑警大隊的大隊長。這個傢伙以前在軍隊是特種兵，人高馬大、膽識過人、武藝超群。他沒來刑警大隊之前，森林裡黑幫林立、強盜橫行，每個動物都沒有安全感。自從黑熊上任之後，整肅隊伍、嚴明紀律，並且對黑幫施以打擊。僅僅三個月，就消滅黑幫三十多個，並且親手擊斃十多名黑社會老大。

對於那些竊盜份子，黑熊也不手軟。他多次帶領手下冒著生命危險抓賊，也曾經一個人徒手與四名歹徒搏鬥……在森林裡，黑熊就是動物心目中的英雄、正義的化身、安全的保證。

老山羊找到黑熊表弟，求他讓小山羊到刑警大隊做臨時工，同時學習刑事偵查技術。刑警大隊正好缺人，黑熊爽快的答應。

小山羊來到刑警大隊一個月以後，發現黑熊根本沒有他想像的那麼偉大。黑熊的性格粗魯、脾氣暴躁，不說「他媽的」就不會說話。黑熊對手下呼來喝去，像使喚自己的家奴一樣，打罵是家常便飯。有一次，小山羊在上班時間出去逛街，還被黑熊無情的關了一天禁閉。

小山羊認為自己是大學生，跟這個匪性十足的表叔沒有什麼好學的。在這個一點情面都不講的冷酷動物面前，自己的專業只會白白荒廢。於是，他連招呼都不打，就離開了。

對於小山羊的不辭而別，黑熊並沒有生氣。他認為，性格軟弱的小山羊做警察可能不適合，就建議他和狐狸導演學演戲。小山羊對大名鼎鼎的狐狸導演早有耳聞，就爽快的答應。

狐狸導演可不簡單，他曾經是影、視、歌三棲明星，唱片發行到一千多萬張，三度獲得過金橡樹最佳男主角獎。最後改行當導演，近三年執導三部大片，每部片子的票房都超過兩億。最讓人佩服的是，他還有點石成金的本事，捧紅很多不知名的演員。在森林裡，大家都認為，跟了狐狸導演，不出名都難。

小山羊也認為，自己有機會接近狐狸導演，就有可能獲得演戲的機會。只要自己用心演好每一個小角色，幾年之後，自己就可能成為一部片酬幾百萬的大明星。

可是，小山羊在狐狸的劇組待過一段時間以後，發現狐狸導演也不是什麼好東西。最讓人無法忍受的就是他太色，見到漂亮的動物就口水直流。最可恨的是，狐狸導演不以為恥，換女朋友比換衣服還快。

小山羊對狐狸導演的無恥作風感到非常的憤怒，更無法接受每天晚上總會有天真、單純、漂亮的動物走進狐狸房間的事實。小山羊認為，狐狸就算是才華橫溢，也是一個極度不負責任的動物，總有一天會因此付出代價。每一天晚上，小山羊都會不由自主的想像狐狸和那些漂亮小動物在一起的情景，這讓他幾近瘋狂、無法忍受，最後不得不放棄自己當明星的夢想。

老山羊對個性超強的兒子感到很無奈，沒辦法，只好又請黑熊找關係。黑熊又把小山羊介紹給知名企業家老鼠。老鼠看了小山羊的履歷，立即答應讓小山羊做自己的助理。

老鼠不是一般的老闆，他發跡之前，一無所有，靠著收集廢棄物起家，經過二十幾年的折騰，最後發展成集製造、運輸、房地產、餐飲娛樂為一體的上市公司。老鼠變成森林裡的首富，腰纏萬貫、富甲一方。

最讓小山羊敬佩的是，老鼠不但經商有道，而且還是有名的慈善家，毫不吝嗇的投資森林裡的公益事業，什麼地方遇災遭難，他捐款、捐物從不猶豫。每一年，在森林各處，他都會投下鉅資，興建醫院和養老院……在小山羊的眼裡，老鼠絕對是一個品德高尚的動物，跟著他，自己一定有施展才華、實現夢想的機會。

當上老鼠的助理，小山羊比別的動物更直接的瞭解老鼠鮮為人知的另一面。他發現，這個滿口仁義道德、消費者利益高於一切、能力越大責任越大的老鼠，其實也是一個道貌岸然的傢伙。下班之後，他竟然和森林政府裡的高官一起出入高級娛樂場所，今天洗三溫暖，明天唱KTV，過著花天酒地的生活。最可恨的是，那些高官總是以各種名義索要錢財、名車、房子和女人，老鼠從來不說「不」，一一照辦。

看到那些官員厚顏無恥、貪得無厭的嘴臉，老鼠對他們卑顏奴膝的模樣，小山羊感到非常難過。他認為，對於那些高官的無理要求，老鼠有責任舉發，而不是無條件的逆來順受。就算為了賺錢，也不能失去尊嚴啊！

小山羊勸過老鼠幾次，老鼠卻非常生氣的說：「把你的工作做好！不知道的事情，不要亂說話。」小山羊覺得自己在這裡很多餘，又辭職不做了。

小山羊發誓，自己這輩子不當官、不進娛樂圈、不經商。他認為，這三個圈子裡，沒有好人。

在家裡待了一段日子，老山羊又叫他跟猴子學醫。小山羊認為醫生這個職業不錯，無論什麼時候都不會失業，也不用看誰的臉色。最重要的是，猴子是醫學界的泰斗、專家和教授，他解決很多醫學上的難題。他帶出來的碩士和博士，都已經成為森林各大醫院的院長，最差的也當上主任。

猴子有多年的臨床經驗，最拿手的是治療各種疑難雜症，把許多動物從棺材裡拯救出來。他不但醫術高明，對貧苦的動物還特別體恤，經常免費為經濟困難的動物看病、治療、送藥。

山羊和猴子學了一段時間，又發現猴子根本沒有傳說中那麼厲害。對一些病症，他也是無能為力。更讓小山羊無法理解的是，對於非常痛苦、救治無望的動物，猴子總是顯得特別平靜、冷淡，似乎對任何動物的死亡都無動於衷，連安慰都懶得安慰。

小山羊對猴子的態度非常憤怒，覺得他根本就是沽名釣譽。一個對生命如此漠視的動物，即使擁有再高的醫術又怎麼樣？涉及生死的事情，不是簡單的對家屬聳聳肩膀，說：「我們已經盡力了。」

四次學藝，四次以絕望告終。小山羊感覺心力憔悴，精力和體力嚴重透支。他經常覺得有一隻巨大的手壓在自己的頭頂，讓他感到這個世界無比的灰暗，他的精神幾乎要崩潰了。

有一天，小山羊遇到森林裡的智慧老人，向他訴說自己的種種遭遇和困惑，希望智慧老人為自己指點迷津。

智慧老人聽了小山羊的抱怨和指責，一句話都沒有說，就指著身邊的一張弓和四十支箭，說：「你要知道答案很簡單，拿起這張弓，睜著雙眼，向三十步遠的目標射三十支箭。如果有一支箭可以射中目標，答案就會顯現。」

山羊拿起弓，連射三十支箭，結果箭箭落空。最後，他把弓一摔，嘆了一口氣，說：「連老天爺都跟我過不去，看來我只有以死解脫。」

智慧老人笑了，說：「還剩下十支箭，你閉上一隻眼睛試射一下，再看看結果。」

小山羊照辦，沒有想到，竟然全部命中目標，還有五支箭射中靶心。

智慧老人說：「同樣的弓箭，同樣的你，只有睜、閉一隻眼的差別，可是結果迥然不同。如果你以前遇事、遇人都可以閉一隻眼，現在你可能是一名優秀的員警、一位知名的演員、一名成功的商人、一名出色的醫生。事實上，你卻習慣盯著自己不想要的東西，忽略自己最需要的東西，這就是你失敗的原因吧！」

成功講座 386

20幾歲，你要改變什麼

海鴿文化出版圖書有限公司
Seadove Publishing Company Ltd.

作者　張禮文
美術構成　騾賴耙工作室
封面設計　JOHN設計工作室
發行人　羅清維
企劃執行　林義傑、張緯倫
責任行政　陳淑貞

出版　海鴿文化出版圖書有限公司
出版登記　行政院新聞局局版北市業字第780號
發行部　台北市信義區林口街54-4號1樓
電話　02-27273008
傳真　02-27270603
E-mail　seadove.book@msa.hinet.net

總經銷　創智文化有限公司
住址　新北市土城區忠承路89號6樓
電話　02-22683489
傳真　02-22696560
網址　www.booknews.com.tw

香港總經銷　和平圖書有限公司
住址　香港柴灣嘉業街12號百樂門大廈17樓
電話　（852）2804-6687
傳真　（852）2804-6409

CVS總代理　美璟文化有限公司
電話　02-2723-9968
E-mail　net@uth.com.tw

出版日期　2009年05月01日　一版一刷
　　　　　2022年09月01日　二版一刷
定價　280元
郵政劃撥　18989626　戶名：海鴿文化出版圖書有限公司

國家圖書館出版品預行編目（CIP）資料

20幾歲,你要改變什麼 ／ 張禮文作.
-- 二版. -- 臺北市 ： 海鴿文化，2022.09
面 ； 公分. --（成功講座；386）
ISBN 978-986-392-465-4（平裝）

1. 成功法　2. 生活指導

177.2　　111012721

Seadove

Seadove